감각의 논리

FRANCIS BACON. LOGIQUE DE LA SENSATION
by Gilles Deleuze

Copyright © 2002 by Éditions du Seuil
All rights reserved.
Korean Translation Copyright © 2008 by Minumsa
This Korean edition is published by arrangement with Éditions du Seuil.
이 책의 한국어판 저작권은 Éditions du Seuil와 독점 계약한 (주) 민음사에 있습니다.
저작권법에 의해 한국 내에서 보호를 받는 저작물이므로 무단 전재와 무단 복제를 금합니다.

들뢰즈의 창
6

감각의 논리
— Francis Bacon Logique de la sensation

질 들뢰즈 Gilles Deleuze   하태환 옮김

민음사

서문

프란시스 베이컨에 관한 질 들뢰즈의 책은 분명 한 화가에 대한 한 철학자의 연구서와는 다른 것이다. 게다가 이 책을 베이컨에 '관한' 책이라고 할 수 있을까? 그리고 그 철학자는 누구이고, 그 화가는 누구인가? 우리는 차라리 이렇게 말하고 싶다. 누가 생각하고, 생각하는 것을 바라보는 사람은 누구인가? 사람들은 분명 회화를 생각할 수 있고, 또 사유를 그릴 수도 있다. 거기에는 회화라고 하는 사유의, 끓어넘치고 격렬한 형태도 포함된다.

우리는 이렇게 생각했다. '처음 판의 그 화려함에 필적하기에는 불가능할 것이다. 시각적인 면에 있어서, 우리에겐 정말 많은 것들이 결핍될 것이다. 그렇다고 해서 그것이 우리의 의무를 소홀히 할 이유가 되겠는가? 그 의무란 이 위대한 책이 계속 유통되도록 하는 것이고, 무슨 일이 있어도 이 책의 타고난 운명인 그 유통으로부터 사라지지 않게 하는 것인데 말이다. 유통이라는 것은 이 책을 철학 회화 또는 회화 철학의 애호가들 사이에서 손에서 손으로 옮기게 하는 것 아닌가? 다시 말해, 접힌 지면의 형태로 된, 시각적인 것과 그의 명명적인 이면 사이의 등가에 대한 통찰력 있는 애호가들 사이에서의 유통인데 말이다.'

따라서 우리는 이 책을 '철학적 질서' 선집 속에서 재판하기로 결정하였다. 이 '철학적 질서'라는 선집 속에서는 모든 책들이 무질서를 만들어 내는 것을 그 기능으로 하고 있다. 그리고 특히 이 책이 그러하다. 우리는 그저 그를 통해 우리의 질서의 가장 아름다운 것이 만들어지는 이 무질서에 대해, 이 재판을 가능하게 해 주었던 모든 분들, 그래서 우리로 하여금 우리 의무를 다할 수 있도록 해 주었던 모든 분들에게 깊은 감사를 드릴 수 있을 따름이다.

알랭 바디우 & 바르바라 카생

차례

서문 · 5
일러두기 · 10

1 동그라미, 트랙 · 11
동그라미와 그 유사물들 / 형상과 구상적인 것의 구분 / 사실 / '사실 관계들'의 문제 / 회화의 3요소 : 구조, 형상, 윤곽 / 아플라의 역할

2 과거 회화와 구상 사이의 관계 · 19
회화, 종교와 사진 / 두 개의 반–의미

3 운동 경기 · 23
첫 번째 움직임 / 구조로부터 형상으로 / 고립 / 운동 경기 / 두 번째 움직임 / 형상으로부터 구조로 / 신체가 빠져나간다: 비열함 / 수축, 흩어짐 : 세면대, 우산, 거울

4 신체, 고기와 기, 동물–되기 · 31
인간과 동물 / 비구분의 영역 / 살과 뼈 : 살은 뼈로부터 흘러내린다 / 연민 / 머리, 얼굴과 고기

5 베이컨의 여러 단계와 양상 · 39
고함에서 미소로 : 흩어짐 / 베이컨의 연속적인 세 시기 / 모든 움직임의 공존 / 윤곽의 역할

6 회화와 감각 · 47
세잔과 감각 / 감각의 층위들 / 구상적인 것과 격렬함 / 전위의 움직임, 산책 / 감각들의 현상적인 통일성 : 감각과 리듬

7 히스테리 · 57

    기관 없는 신체 : 아르토 / 보링거의 고딕 선 / 감각에 있어서 '층위의 차이'가 의미하는 것 / 진동 / 히스테리와 현재함 / 베이컨의 의심 / 히스테리, 회화의 눈

8 힘을 그리다 · 69

    보이지 않는 것을 그리기 : 회화가 당면한 문제 / 외형의 변화도 해체도 아닌 근본적인 변형 / 고함 / 베이컨에게 있어서 생의 사랑 / 힘들의 열거

9 짝들과 삼면화 · 79

    짝지어진 형상들 / 감각적 투쟁과 짝짓기 / 공명 / 리듬적 형상들 / 진폭과 세 리듬 / 두 개의 '사실 관계'

10 삼면화란 무엇인가 · 89

    증인 / 적극적인 것과 수동적인 것 / 추락 : 층위 차이의 적극적 현실 / 빛, 결합과 분리

11 그리기 이전의 회화 · 101

    세잔과 판에 박힌 것에 대한 투쟁 / 베이컨과 사진들 / 베이컨과 가망성들 / 우연의 이론 : 우발적인 표시들 / 시각적인 것과 손적인 것 / 구상적인 것의 위상

12 사용된 돌발 표시 · 115

    베이컨에 따른 돌발 흔적(터치와 얼룩) / 돌발 흔적의 손적 성격 / 회화와 대재난의 경험 / 추상 회화, 코드와 시각적 공간 / 액션 페인팅, 돌발 흔적과 손적 공간 / 이 두 길의 각각에서 베이컨의 마음에 들지 않는 것

13 유사성 · 129

세잔 : 돌발 흔적으로서의 모티프 / 유사적인 것과 코드적인 것 / 회화와 유사성 / 추상 회화의 역설적인 위상 / 세잔의 유사적 언어와 베이컨의 유사적 언어 : 면, 색, 덩어리 / 변조하기 / 되찾은 닮음

14 모든 화가는 각자의 방식대로 회화의 역사를 요약한다⋯⋯ · 141

이집트와 눈으로 만지는 공간 제시 / 본질과 우발적인 것 / 유기적 재현과 촉지적·광학적 세계 / 빛과 색, 광학적인 것과 눈으로 만지는 것

15 베이컨이 지나온 길 · 155

눈으로 만지는 세계와 그의 변종들 / 색채주의 새로운 변조 / 반 고흐와 고갱으로부터 베이컨으로 / 색의 두 양상 : 순수 색조와 혼합 색조, 아플라와 형상, 해변과 색 유출

16 색에 관한 한마디 · 165

색과 회화의 삼요소 / 색-구조 : 아플라와 그 분할 / 검정색의 역할 / 색-힘:형상들, 색 유출, 혼합 색조 / 색-윤곽-회화의 취향: 좋은 취향과 나쁜 취향

17 눈과 손 · 175

코드적, 촉각적, 손적, 눈으로 만지기적 / 돌발 흔적의 응용 / '전혀 다른' 관계들 / 미켈란젤로 : 회화적 사실

베이컨 연보 · 185
그림 목록 · 187

일러두기

    다음에 오는 각 단원은 베이컨의 그림들의 한 모습을 가장 단순한 것에서 가장 복잡한 순서로 고려하고 있다. 하지만 이 질서는 상대적이고, 감각의 일반적인 논리의 관점에서만 유효할 따름이다.
    실제로는 모든 양상들이 공존한다는 것은 자명하다. 이 양상들은 색채 속에서, 이 논리의 절정인 '채색적인 감각' 속에서 수렴한다. 이 양상들의 각각은 회화사 속에서 특수한 하나의 시퀀스의 테마로 사용될 수 있다.
    인용된 그림들은 점진적으로 나타난다. 그것들은 책의 끝에 실린 전체 그림 목록의 번호이다.

1 동그라미, 트랙

베이컨에게서 동그라미는 흔히 인물, 즉 형상이 앉아 있는 장소를 제한한다. 인물은 앉아 있기도 하고 누워 있기도 하며 몸을 구부리기도 하고 전혀 다른 모습을 띠기도 한다. 이 동그라미 또는 타원형은 다소간의 자리를 차지한다. 동그라미는 그림의 옆 변을 벗어날 수도 있고, 세 그림을 가지고 하나로 만든 삼면화의 한가운데 위치할 수도 있다. 〔1, 2〕

동그라미는 자주 인물이 앉아 있는 동그란 의자나 인물이 누워 있는 타원형의 침대에 의해 대체되기도 하고 반복되기도 한다. 또 동그라미는 인물의 신체 일부를 감싸는 원형물이나 인물의 신체를 둘러싼 빙빙 도는 원들에 의해 반복된다. 그리고 두 명의 농부라 해도 단지 같은 타원형 속에 밀착되어 담긴, 단지처럼 생긴 대지에 비해 단 하나의 형상*만을 만든다. 간단히 말해 이 그림은 일종의 원형경기장, 트랙과 같은 것을 장소 〔3, 4〕

---

* 형상은 우선 '드러나 있는 모습'이라는 의미에서 이미지의 하나라고 할 수 있다. 그렇지만 이미지가 '어떤 사물의 이미지'에서처럼, 많은 경우 되돌아가는 이미지 밖의 지시 대상을 상정하는 데 반해, 형상에 대해서는 '어떤 사물의 형상'이라고 말하지는 않는다. 그래서 사물과 동등한 존재론적 가치를 획득한, 자족적이고 독자적인 상을 형상이라고 하겠다. 어떤 이미지에서 그것이 환기한다고 간주되는 지적이고 개념적인, 혹은 추상적인 요소를 제거하고 남은 것이 형상이라고 하면 알기 쉬울지 모르겠다. (옮긴이)

[5]　로서 품고 있다. 동그라미는 형상을 고립시킬 수 있는 매우 간단한 수법이다. 물론 고립시키는 다른 방법들도 많다. 형상을 직육면체 또는 정확
[6, 7]　히 말하자면 유리나 거울로 만든 평행육면체 속에 가두거나, 형상을 자석의 성격을 띤 무한대의 원의 호와 같은 레일이나 길게 늘어난 막대 위
[8]　에 붙여놓기도 한다. 또는 나팔 같은 모양으로 휜 이상한 안락의자에서
[9]　처럼, 원, 직육면체, 막대 등 모든 수단을 다 결합하기도 한다. 이것들은 장소들이다. 아무튼 베이컨은 이 모든 방식들이 그 결합의 치밀함에도 불구하고 거의가 초보적이라는 사실을 숨기지 않는다. 중요한 것은 이 장소들이 형상을 움직이지 못하도록 묶어 놓지는 않는다는 점이다. 오히려 이 장소들은 형상이 장소나 자기 자신에 대해 하고 있는 일종의 모색과 탐험을 예민하게 느낄 수 있도록 해 준다. 그러므로 이 장소들은 수술실과 같은 장소이다. 형상과 그를 격리하는 장소 사이의 관계는 어떤 일을 명규한다. 즉 '그 일은 ~이다, 일어난 일은 ~이다'라고 규정한다. 그리고 이렇게 격리된 형상은 하나의 이미지 또는 아이콘*이 되는 것이다.

　그림이 고립된 한 현실(한 일)이고, 삼면화도 하나의 같은 틀 안에 함께 결합해서는 안 될 세 개의 고립된 판들을 가지고 있을 뿐만 아니라, 형상 그 자체도 한 그림 안에서 동그라미나 평행육면체에 의하여 고립된다. 그 이유는 무엇일까? 베이컨은 이 말을 자주 한다. 그것은 구상적, 삽화적, 서술적 성격을 피하기 위해서이다. 형상은 고립되지 않으면 필연적으로 이러한 성격을 갖게 된다. 회화란 재현할 모델도, 해 주어야 할 스토리도 없다. 그런데 회화가 구상적인 것을 피하기 위해서는 두 가지 방법에 의해서만 가능하다. 하나는 추상을 통해 순수한 형태를 지향하

＊ 아이콘은 벽면이 아니라 나무판 위에 그려진 모든 종교화를 말한다. 아이콘은 성자의 인물이나 그의 생의 이미지를 나타내고, 기독교적이거나 성경적인 장면들을 보여 준다. 가장 오래된 아이콘은 6~7세기경으로 거슬러 올라간다. 훗날에는 금박이나 동, 상아 등에 새기기도 했다.(옮긴이)

는 것, 다른 하나는 추출 혹은 고립을 통해 순수하게 형상적인 것으로 향하는 것이다. 화가가 형상에 집착하고, 그가 두 번째 길을 택한다면, 이것은 결국 형상적인 것을 구상적인 것과 대립시키기 위한 것이리라.[1] 이때 형상을 고립시키는 일이 첫 번째 조건일 것이다. 구상적인 것 혹은 재현이란 사실은 한 이미지가 보여 준다고 여기는 대상과 그 이미지 사이의 관계를 내포한다. 하지만 재현은 또 구성된 총체 안에서 한 이미지가 다른 이미지들과 맺고 있는 관계도 내포한다. 이때 각각의 이미지는 물론 자기가 지칭하는 대상이 있다. 서술은 이런 나타내 보여 주기와 언제나 같이 있다. 두 표상 사이에는 나타난 총체에 활력을 불어넣기 위하여 항상 어떤 스토리가 끼어들거나 끼어들려고 한다.[2] 따라서 격리는 재현과 단절하고 서술을 깨뜨리기 위해, 삽화성을 방해하고 형상을 해방하기 위해 충분치는 않더라도 필요한 가장 단순한 방법이다. 한마디로 이것은 일어난 일에만 매달리는 방식이다.

물론 문제는 더 복잡하다. 서술적이지 않을, 따라서 그로부터 아무 구상도 흘러나오지 않을, 형상들 사이에 존재하는 다른 어떤 관계가 없을까? 구상의 총체 속에서 어떤 스토리를 말하거나 다른 여러 대상들로 되돌려지는 대신에, 유일하고 동일한 하나의 일에 속할, 다시 말해 하나의 동일 일 위에서 자라날 여러 다양한 형상들은 없을까? 형상들 사이에 서술적이지 않은 관계가 없을까? 형상들과 이 한 가지 일 사이에 삽화적이지 않은 관계가 없을까? 베이컨은 아무 스토리도 말하지 않으면서도 짝지어진 형상들을 그리기를 멈추지 않았다. 아울러 삼면화의 분리된 판들은 [3, 4, 5]

---

1) 장 프랑수아 리오타르는 '형상적인 것(figural)'을 명사처럼 사용하여 '구상적인 것(figuratif)'과 대립시킨다.(『담론, 형상(Discours, Figure)』, Klinckisieck)
2) F. Bacon, 『불가능의 예술, 다비드 실베스터와의 대담(L'art de L'impossible, Entretiens avec David Sylvester)』, Skira. '삽화적'이며 '서술적'인 것인 '구상적인 것'에 대한 비판은 우리가 앞으로 E.로 약칭할 이 두 권의 책 속에서 부단히 반복된다.

[7, 8, 9] 그것들 사이에 어떤 강한 관계를 가지고 있지만, 그렇다고 이 관계가 서술적인 관계는 아니다. 베이컨은 고전적인 회화에서도 형상들 사이에 이런 식의 색다른 관계가 자주, 성공적으로 그려진 적이 있음을 겸허하게 인정하며, 이것은 또 여전히 앞으로 도래할 회화의 숙제이기도 하다고 말한다. "물론 많은 걸작품들은 동일한 화폭 위에 여러 개의 표상들을 올려놓음으로써 만들어졌다. 그리고 모든 화가가 그렇게 하고 싶은 욕망을 갖고 있음은 자명하다. 하지만 한 표상에서 다른 표상으로 가면서 만들어지는 스토리는 우선 즉각적으로 회화가 독자적으로 움직일 가능성을 제거해 버린다. 바로 여기에 어려움이 있다. 하지만 언젠가는 누군가 올 것이며 그는 동일한 하나의 화폭 위에 여러 개의 표상을 올려놓을 수 있을 것이다."[3] 그러면 서로 짝지어진 혹은 구별된 형상들 사이에 존재하는 이 다른 유형의 관계들이란 무엇인가? 대상들의 혹은 관념들의 지적인 관계에 대비하는 이 새로운 관계를 우리는 '사실 관계(matters of fact)'라고 부르기로 하자. 우리가 비록 베이컨이 이미 이 영역을 폭넓게 정복하였음을 인정하더라도, 그 정복은 우리가 현재 생각하고 있는 것보다는 훨씬 더 복잡한 양상 아래서 전개된다.

우리는 아직 격리라고 하는 단순한 측면에만 머물러 있다. 하나의 형상은 트랙 위에, 의자, 침대 혹은 안락의자 위에, 동그라미나 평행육면체 속에서 격리된다. 이 형상은 그림의 일부만 차지한다. 그러면 그림의 나머지는 무엇으로 채워지는가? 베이컨에게는 그곳을 채울 수 있는 것 가운데 몇 가지는 이미 제거되었거나 관심 밖이다. 그림의 나머지를 채우게 될 것은, 형상과 관계되는 풍경도 아니고, 그로부터 형태가 솟아날 배경도 아니며, 그곳에서 그림자들이 노닐 비정형이나 명암 또는 두터운

---

3) *E*. I, pp. 54~55.

색채도 아니다. 또는 다양한 변화가 전개될 직물 짜기도 아니다. 아차! 지금 우리는 너무 앞서고 있는 것 같다. 물론 초기 작품 가운데에는 1957년의 「반 고흐 초상 연구 II」처럼 형상들-풍경들이 있었다. 1945년의 「한 풍경 속의 형상」이나 「형상 연구 I」처럼 세심한 뉘앙스를 가진 직물 짜기도 있다. 1949년의 「두상 II」에서처럼 색채의 두터움과 빽빽함도 있었다. 특히 실베스터가 명확함으로 되돌아오기 전에 어둠, 암흑, 뉘앙스에 의해 지배된 기간이라고 말한 10년 정도의 시기도 있었다.[4] 하지만 숙명이라는 것은 그것과 전혀 반대처럼 보이는 우회로를 거쳐 오는 경우도 있다. 왜냐하면 당시의 베이컨의 풍경들은 나중에 나타날 것의 준비이기 때문이다. 이것은 화폭을 긋는 짧은 "비의지적인 자유로운 표시들"의 총체, 즉 삽화적이거나 서술적인 기능이 없는 무의미적인 터치들이다. 그로부터 풀의 중요성이 나오고 다음 풍경들의 어쩔 수 없는 풀과 같은 성격이 나오게 된다.(1952년의 「풍경」, 「풍경 속의 형상 연구」, 1953년의 「비비 연구」, 1954년의 「풀 속의 두 형상」) 직물 짜기, 두텁게 칠하기, 어둠, 흐릿함은 벌써 헝겊이나 작은 비 혹은 솔을 가지고 작업한 부분을 지우는 수법을 예비하고 있다. 두텁게 칠하기는 구상적이지 않은 영역 위에 펼쳐져 있다. 따라서 엄밀히 말하자면 일부를 지우는 수법과 무의미한 터치의 수법은 (비록 이 수법들이 자율적으로 풍경을 '만들거나' 배경을 '만들며' 어둠을 '만들기'에 적합하기는 하지만) 풍경의 시스템이나 비정형의 시스템 또는 배경의 시스템이 아닌 독창적인 시스템에 속한다.

[10]
[11, 12]
[13]

[14, 15]
[16, 17]

사실 그림의 나머지를 체계적으로 점유하는 것은 활기차고 단일하며 부동의 색으로 된 거대한 아플라들이다. 얇고도 단단한 아플라들은 구조화와 공간화의 기능을 한다. 하지만 아플라들은 형상의 밑이나 뒤 혹은

---

4) *E. I*, pp. 34~35.

그 너머에 있지 않다. 그들은 바로 옆에 혹은 차라리 바로 주변에 있으면서, 형상 그 자체와 마찬가지로 촉지적이거나 '눈으로 만지는' 근접 시각 안에서 그리고 근접 시각에 의해 포착된다. 이 단계에서는 형상에서 아플라로 넘어갈 때, 깊이나 떨어진 거리의 관계는 없으며 빛과 그림자의 유희에서 오는 불확실함도 없다. 그림자마저도, 검은색마저도 흐리지 않다.("나는 그림자들을 형상과 마찬가지로 현존케 하려 했다.") 아플라는 배경처럼 작용하기도 하는데, 그것은 단지 아플라가 형상들과 가지는 엄밀한 상관관계 덕이다. '이 상관관계란 고르게 근접한 하나의 동일 면 위에 놓인 두 구역 간의 상관관계이다.' 이 상관관계 혹은 이러한 연결은 두 구역, 즉 아플라와 형상을 가르는 공통의 경계에 의해, 다시 말해 그들의 윤곽에 의해 주어진다. 그 공통의 경계가 바로 장소, 즉 트랙이거나 동그라미이다. 베이컨은 이 사실을 아주 중요한 선언 속에서 말했다. 우리는 이 선언을 자주 언급할 것이다. 그는 자신의 회화에서 근본적인 세 요소를 구별한다. 그 요소는 물질적인 구조, 동그라미-윤곽, 세워진 이미지이다. 조각에서의 용어로 생각한다면, 세 요소는 골격과 유동적인 받침대, 그리고 받침대를 타고 골격 속을 돌아다니는 형상이라고 해야 할 것이다. 이것을 그림으로 [18] 나타내 보여 주어야 한다면,(어떤 점에서는 그렇게 해야 하는데, 1953년의 「개와 함께 있는 남자」에서 그렇게 하고 있다.) 그것들은 통행로, 웅덩이, 웅덩이에서 나와 그들의 '일상적인 순회'를 하는 인물들이 될 것이다.[5]

---

5) E.Ⅱ, pp. 34~36의 글을 모두 인용한다.
　—그것들을 조각처럼 생각하니까, 내가 그것들을 회화로 할 수 있을 방법이, 그리고 회화로는 더 잘할 수 있을 방법이 내 머릿속에 떠올랐습니다. 그 회화는 아마 일종의 구조화된 회화가 될 것입니다. 거기에서는 말하자면 이미지들이 살로 된 강으로부터 솟아날 것입니다. 이 생각은 한 소리를 아주 낭만적으로 만듭니다. 하지만 나는 이것을 아주 형태적인 방식으로 봅니다.
　—그러면 이것은 어떤 형태를 취합니까?
　—이 형태들은 틀림없이 물질적인 구조들 위에 세워질 것입니다.
　—많은 형상들이 있습니까?
　—그렇지요. 그리고 아마 현실에서보다는 훨씬 높게 세워질 인도가 있을 것입니다. 그 인도 위에서 형상들이 움직일 수 있겠지요. 그건 마치 그들의 일상적인 순회를 하는 특정인들의 이미지가 살로 된 웅

이 시스템이 이집트 예술 그리고 비잔틴 예술과 맺고 있는 관계에 대해서는 나중에 살펴보기로 한다. 지금 중요한 것은 배경처럼 기능하는 아플라와 형처럼 기능하는 형상이 근접 시각의 동일 평면 위에서 서로 절대적으로 근접해 있다는 것과 그들이 서로 간에 다른 것을 명확히 해주고 있다는 사실이다. 어둠이나 암흑 혹은 불명확함을 가지고 하는 것보다 더 잘 절대적으로 닫히고 에워싸는 공간을 구성하고, 공간을 폐쇄하는 것은 바로 이 시스템, 즉 다른 것의 옆에 놓인 두 구역 간의 공존이다. 바로 그 때문에 베이컨에게 있어서 흐릿함이 있게 되는데, 이 흐릿함에도 두 종류가 있다. 그런데 이 두 흐릿함들도 방금 말한 아주 고도의 엄밀성의 시스템에 속하는 것이다. 첫 번째 경우에 흐릿함은 불명확에 의해 얻어지는 것이 아니라 반대로 '명확함에 의해 명확함을 깨뜨리는'[6] 작업에 의해 얻어진다. 돼지머리의 남자인 1973년의 「자화상」이 그 예이다. 또는 라이리스가 말하듯이 구겨지거나 구겨지지 않은 신문지의 처리를 보면, 인쇄된 활자는 뚜렷이 새겨져 있다. 하지만 이 활자들을 읽을 수 없도록 하는 것은 바로 이 기계적인 엄밀성이다.[7] 다른 경우에 흐릿함은 자유스러운 표시나 지우기 수법에 의해 얻어진다. 이 수법들 역시 이 체계의 명확한 요소들에 속한다.(그리고 다른 경우들도 있을 것이다.)

〔19〕

덩이로부터 솟아나는 것과 같습니다. 나는 자기들의 중절모나 우산과 함께 자기 자신들의 살로부터 솟아나는 형상들을 만들어서, 이 형상들을 가지고 십자가형만큼이나 찌르는 듯한 형상들을 만들 수 있기를 바랍니다.

그리고 베이컨은 또 E. II, p. 83에서 덧붙인다. "나는 일종의 골격 위에 놓인 조각들을 생각했습니다. 이 골격들은 매우 커서 조각이 그 위에서 미끄러질 수도 있으며, 사람들이 자기들 마음대로 조각의 위치를 바꿀 수도 있습니다."

6) 역시 아플라의 대가인 타티에 대해 앙드레 바쟁은 다음과 같이 말했다. "음향적인 요소들이 구분이 안 되는 경우는 드물다. …… 반대로 타티의 모든 기교는 명확함에 의하여 명확함을 파괴하는 것이다. 대화들은 결코 이해할 수 없는 종류의 것이 아니라 의미 없는 것들이다. 그리고 그들의 의미 없음은 그들의 엄밀함 그 자체에 의해 드러난다. 타티는 면들 사이에 존재하는 밀도 관계들을 변형시켜서 거기에 도달한다……."(『영화란 무엇인가?(Qu'est-ce que le cinéma?)』, du Cerf, p. 46)

7 M. Leiris, 『이미지의 이면(Au verso des images)』, Fata Morgana, p. 26.

2 과거 회화와 구상 사이의 관계

　회화란 형상을 구상적인 것으로부터 잡아 뜯어내야 한다. 그러나 베이컨은 과거 회화가 구상과 삽화에 대해서 현대 회화가 가지고 있는 것과 같은 관계를 가질 수 없도록 하는 두 가지의 여건을 언급한다. 한편으로는 사진이 삽화적이고 문서적인 기능을 담당하기 때문에 현대 회화는 과거 회화에 속했던 이 기능을 더 이상 충족시킬 필요가 없다. 다음으로 과거 회화는 아직도 구상에 회화적 의미를 부여하던 몇몇의 '종교적인 가능성들'에 의해 조건지어졌지만 현대 회화는 무신론적인 유희이다.[1]
　하지만 앙드레 말로로부터 가져온 이 두 생각이 적합한지는 확실치 않다. 왜냐하면 작용들이란 하나의 작용이 다른 작용에 의해 버려진 역할을 담당하기보다는 차라리 서로 경쟁적이기 때문이다. 우리는 어떤 상위 예술에 의해 버려진 기능을 담당하는 어떤 하위적인 작용을 상상할 수 없다. 사진도 비록 그것이 순간적이긴 하지만 재현의 의도, 다시 말해 삽화적이고 서술적인 의도와는 전혀 다른 의도를 갖고 있다. 그리고 베이

---

[1] *E. I*, pp. 62~65. 베이컨은 왜 벨라스케스가 '구상'에 그렇게도 밀접할 수 있었던가에 대해 질문한다. 그리고 답하기를 한편으로는 사진이 존재하지 않았고, 다른 한편으로는 비록 어렴풋하기는 해도 회화가 종교적 감정과 연결되어 있었다고 한다.

컨이 나름대로 사진에 대해, 그리고 사진과 회화의 관계에 대해서 말할 때 그는 훨씬 더 깊은 것들을 말하고 있다. 다른 한편으로 과거 회화에서 회화적 요소와 종교적 감정 사이에 존재하는 관계 역시 단지 신앙에 의해서만 인정될 구상적 기능이라는 가정만으로는 잘못 정의된 것 같다.

[20] 극단적인 예로 그레코의 「오르가스 백작의 장례」를 보자. 어떤 수평적인 것이 그림을 두 부분으로, 즉 하위적인 것과 상위적인 것으로, 지상의 것과 천상의 것으로 분할한다. 하위 부분에서는 비록 신체를 변형하고 길게 늘어뜨리는 비재현적 요소들이 작품화되어 있기는 하지만 그래도 전체적으로는 백작의 장례를 재현하는 구상이나 이야기 서술이 있다. 그러나 상위 부분에서는 백작의 영혼이 예수에 의해 받아들여지고 있는데, 이것은 광적인 자유이면서 완전한 해방이다. 형상들이 모든 통제에서 벗어나 똑바로 일어서고, 길게 늘어나며, 과도하게 얇아진다. 표면적인 모습과는 달리 여기에는 더 이상 서술할 이야기가 없으며, 형상들은 그들의 재현적 역할에서 벗어나 천상적 감각 질서와의 관계 속으로 곧장 들어간다. 바로 이것이 이미 기독교적 회화가 종교적 감정에서 발견한 것이다. 이러한 것은 역설적으로 회화적 무신론으로서, 신은 재현되어서는 안 된다는 생각을 글자 그대로 취할 수 있었던 것이다. 실제로 신, 예수, 성모, 지옥 등과 함께 선, 색, 움직임은 재현의 강제로부터 떨어져 나온다. 형상들은 모든 구상으로부터 해방되어 똑바로 일어서거나 휘고 혹은 뒤틀려진다. 형상들은 더 이상 재현하거나 서술할 것이 없다. 왜냐하면 재현적인 영역에서는 이미 존재하는 교회의 코드로 돌려 버리는 것으로 만족하기 때문이다. 이제 형상들이 할 일이란 천상적, 지옥적 혹은 지상적 '감각들'만을 그리면 된다. 모든 것을 이 코드 아래로 통과시킬 것이다. 그리고 세상의 모든 색을 다 사용해서 종교적인 감정을 그릴 것이다. 그래서 '신만 없다면 모든 것이 다 허용된다'라고 말해서는 안 된다.

바로 그 반대이기 때문이다. 왜냐하면 신과 함께 모든 것이 다 허용되기 때문이다. 폭력과 비열함이 언제고 성스러운 이름으로 정당화되기 때문에 도덕적으로만 모든 것이 허용되는 것은 아니다. 훨씬 중요한 방식으로 미학적으로도 모든 것이 허용된다. 그 이유는 신적 형상들은 자유로운 창조적 작업에 의해 활기를 찾고, 자신에게 모든 것을 허용하는 환상에 의해 고쳐지기 때문이다. 예수의 몸은 그 몸을 모든 '감각 영역', 모든 '다양한 감각 층리'를 통과시키는 악마적인 영감으로부터 작업된다. 다시 두 가지 예를 들어 보자. 지오토의 예수는 진짜 비행기인 하늘의 연으로 변형되어 성 프랑수아에게 상처의 흔적을 보낸다. 이때 상흔이 나아가는 도정을 나타내는 선영 처리된 선들은 자유로운 표시들과 같고 그 선들에 따라 이 성자는 연-비행기의 실을 조종한다. 혹은 틴토레토가 그린 「동물의 창조」를 보자. 신은 마치 잘 뛰지 못하는 동물부터 먼저 뛰게 하는 육상 경기의 출발 지휘자와 같아서, 새와 물고기가 맨 먼저 출발하고 개, 토끼, 사슴, 황소, 리콘 등이 자기 차례를 기다린다.

[21]

과거 회화에서 종교적 감정이 구상을 야기했다고 말할 수는 없다. 반대로 이 감정은 형상을 해방시켰다. 즉 구상 밖에서 형상들이 솟아날 수 있도록 하였다. 마찬가지로 구상을 포기하기가 과거 회화에서보다 유희로서의 현대 회화에서 훨씬 쉽다고 말할 수도 없다. 오히려 현대 회화는 화가가 그의 작업을 시작하기도 전에 이미 화폭 위에 자리 잡아 버리는 사진들과 이미 고정적인 것들에 의해 침범당하고 포위되어 있다. 사실 화가가 순백의 처녀지 위에서 작업한다고 믿는 것은 잘못이다. 표면은 화가가 단절해야 할 온갖 종류의 이미 고정적인 것들에 의해 미리 완전히 잠재적으로 덮여 있다. 이것이 바로 베이컨이 사진에 대해 말할 때 의미하는 것이다. 사진은 누군가 본 것의 구상이 아니라, 현대인이 보는 것 바로 그 자체이다.[2)] 사진이 단순히 구상적이기 때문에 위험한 것이 아니라, 사진이 '관점', 즉 회화를 지배한다고 주장하기 때문에 위험하다. 아무튼 현대 회화는 종교적 감정을 포기해 버렸고 사진에 의해 포위당했기 때문에, 이제 자신에게 남아 있는 그의 마지막 초라한 영역처럼 보이는 구상과 단절하기는 더욱 어려워졌다. 이 어려움을 추상 회화가 확인해 준다. 현대 회화를 구상으로부터 떼어 내기 위해서는 추상 회화의 힘든 작업이 필요했다. 하지만 추상 회화와는 다른 훨씬 직접적이고 감각적인 다른 길이 없을까?

---

2) *E.* I, p. 67. 베이컨은 사진에 대해 매혹과 경멸을 함께 표현한다. 이 점에 대해서는 나중에 다시 다루겠다. 아무튼 베이컨이 사진에 대해 비난하는 것은 사진이 구상적이라는 것과는 전혀 다른 것에 대해서이다.

3 운동경기

　베이컨 회화의 세 요소로 되돌아오자. 공간화하는 물질적 구조인 거대한 아플라들. 형상과 형상들 그리고 그들의 일. 장소, 즉 형상과 아플라의 공통의 경계인 동그라미, 트랙 혹은 윤곽. 윤곽은 둥글거나 타원형으로 매우 단순한 것 같다. 문제를 제기하게 하는 것은 차라리 윤곽의 색이다. 윤곽의 색은 이중적인 역동적 관계 속에서 포착되기 때문이다. 사실 윤곽은 장소로서 물질적 구조에서 형상으로, 형상에서 아플라로라는 두 방향으로의 교환 장소이다. 윤곽은 일종의 이중적 교환이 일어나는 동식물의 막과 같은 것이다. 이 방향에서 저 방향으로 무언가가 통과한다. 회화가 서술할 것은 아무것도 없다 하여도, 회화가 해 줄 스토리는 아무것도 없다 하여도, 그래도 회화의 기능을 정의할 무언가가 발생한다.
　동그라미 속에서 형상은 의자에 앉아 있기도 하고 침대 위에 누워 있기도 한다. 때때로 형상은 일어날 일을 기다리고 있는 것 같다. 하지만 일어나고 있는, 또는 곧 일어날, 혹은 이미 일어난 일은 어떤 광경이나 재현이 아니다. 베이컨의 '기다리는 사람들'은 구경거리를 기다리는 관객들이 아니다. 베이컨의 그림에서는 오히려 모든 관객을, 아울러 모든 광경을 제거하려는 노력을 엿볼 수 있다. 예를 들면 1969년의 투우 경기는 두 개의 그림을 제시한다. 첫 번째 그림은 커다란 아플라가 열려진 패널을 아직도 품고 있다. 그 패널에서 우리는 경기장에 구경 온 로마 군단 같은 군중을 본다. 반면에 두 번째 그림은 그 패널을 닫아 버렸고, 더 이상 투우사와 투우의 형상을 서로 얽히게 하는 데만 만족하는 것이 아니라 두 형상 간의 유일하고 공통인 일에 진정으로 도달한다. 동시에 관객들을 경기 장면에 여전히 연결시켰던 보랏빛 띠가 사라진다. 1967년의 「이자벨 로스톤에 대한 세 연구」는 침입자나 방문객에게 문을 닫고 있는 형상을 보여 준다. 그 방문객이 자기 자신의 복제라 해도 상관없다. 그러나 혹자는 많은 경우에 일종의 관객이라고 할 만한 것들이 아직 남아 있다고 반박할지도 모른다. 즉 훔쳐보는 사람, 사진, 지나가는 행인, '기다리는 사람' 등 형상과는 다른 인물들이 있다고 할 것이다. 특히 삼면화에서는 이러한 사람들이 어김없이 존재한다. 그러나 이들은 단순한 관객이 아니다. 우리는 차후에 베이컨이 그의 그림에서, 특히 삼면화에서 형상의 일부이며 관객과는 아무 관계도 없는 '증인'의 기능을 필요로 한다는 것을 보게 될 것이다. 마찬가지로 벽이나 레일 위에 걸려 있는 사진류의 모조품들도 이 증인의 역할을 할 수 있다. 이들은 관객의 의미를 가지고 있는 것이 아니라, 그들에 대해 비교해서 변화가 측정되는 기준이나 한결같음의 의미를 가진 증인들이다. 사실 유일한 구경거리는 기다림이나 용쓰기이다. 그러나 이 기다림과 노력은 관객이 없을 때만 생산된다. 이것이 바로 베이컨과 카프카가 유사한 점이다. 베이컨의 형상은 아주 부끄러움을 타는 사람이나 수영할 줄 모르는 위대한 수영 선수, 혹은 단식을 제일 잘하는 사람이다. 트랙, 원형경기장, 플랫폼은 황량한 오클라호마의 극장이다. 이 점에 있어서 1978년의 「회화」는 절정에 이른다. 어떤 판에 풀로 붙인 듯이 붙어 있는 형상은 그 그림의 다른 쪽에 있는 문의 손잡이를 발로 돌리려고 자신의 몸 전체와 한 쪽 다리를 팽팽히 잡아당긴다. 이때 매우 아름다운 금빛 오렌지색의 윤곽인 동그라미가 땅에 있지 않고 문에 있음을 주목하자. 따라서 이 그림을 다시 구성해 보면, 형상이 발끝으로 수직의 문 위에 똑바로 서 있는 것 같다.

관객을 제거하기 위한 노력 속에서 형상은 이미 독특한 운동 경기를 보여 준다. 움직임의 근원이 자신의 내부에 있지 않은 만큼 경기 모습은 더욱 특이하다. 차라리 움직임은 물질적 구조인 아플라에서부터 형상으로 간다. 많은 그림들에서 아플라는 바로 하나의 움직임에 의해 지배받고 있으며, 이 움직임은 아플라를 원통형으로 만든다. 따라서 원통형적인 아플라는 윤곽, 즉 장소 주변에서 휘감긴다. 그럼으로써 아플라는 형상을 감싸고 포로로 만든다. 물질적 구조인 아플라가 형상을 포박하기 위하여 윤곽 주위를 휘감고, 형상은 온 힘을 다해 이 움직임을 따라간다. 여기에 형상들의 극단적인 고독이 있고 모든 관객을 배제한 신체들의 극단적인 밀폐가 있다. 형상은 그 속에 자기 스스로 감금되고 또 그를 감금하는 이 움직임에 의해서만 그러한 대로의 형상이 된다. "각각의 신체가 자신을 제거해 줄 자를 찾으면서 가는 거주지……. 그것은 바로 둘레가 50미터이고 높이가 16미터로 조화를 이룬 납작한 원통의 내부이다. 빛. 그의 연약함. 그의 노랑색."[1] 혹은 원통의 검은 구멍 속에서 정지되어 있는 추락이다. 이것이 바로 격렬한 희극 속의 웃기는 운동 경기의 첫 공식으로서, 거기에서 신체 기관들은 인공 보철 기구들이다. 또 장소와 윤곽은 아플라 안에서 형상이 하는 기계 체조 기구이다. 〔28〕
〔3〕

하지만 이렇게 아플라로부터 형상으로 가는 움직임과 공존하고 있는 다른 움직임은 거꾸로 형상으로부터 물적 구조인 아플라를 향해 간다. 처음부터 형상은 신체이고 그 신체는 동그라미 안에서 생겨난다. 하지만 신체는 구조로부터 무언가를 기다릴 뿐만 아니라 자기 자신 안에서도 무언가를 기다린다. 이제 바로 이 신체 안에서 무언가가 일어난다. 그는 움

---

1) S. Beckett, 『절멸자(Le dé peupleur)』, Minuit, p. 7.

직임의 근원이다. 이제 장소의 문제가 아니고 사건의 문제가 된다. 만약에 용쓰기가 있다면, 그 용쓰기는 아주 강도 높은 용쓰기일 것인데, 그것이 신체가 아닌 다른 대상에게 가해지고 또 신체의 힘을 넘어선 어떤 시도와 관계되는 특수한 용쓰기라는 것은 결코 아니다. 엄밀히 말해 신체는 빠져나가기 위해 용쓰거나 기다린다. 내 신체로부터 벗어나려 하는 것은 나의 자아가 아니라, 신체 스스로가 자신으로부터 벗어나려 한다……. 한마디로 일종의 경련이다. 신체는 신경 그물과 같고, 그의 용쓰기나 기다림은 경련과도 같다. 베이컨에 따르면 아마도 혐오나 추잡함과 엇비슷한 것이다. 1976년의「세면대에 서 있는 형상」이 그 좋은 예가 될 수 있다. 신체-형상은 타원형적인 세면대에 매달려 있고 그의 손은 수도꼭지를 붙들고 있다. 이 신체-형상은 수챗구멍을 통해 빠져나가기 위해 자신에 대해 강도 높은 부동의 노력을 한다. 조셉 콘라드도 비슷한 장면을 묘사한다. 그 또한 추잡함의 이미지를 보았다. 폭풍우가 몰아치는 가운데 밀폐된 선실 속에 갇힌 나르시소호의 검둥이는 다른 선원들의 소리를 들었다. 그들은 그가 갇혀 있는 밀폐된 곳에 미세한 구멍 하나를 뚫는 데 성공하였다. 그러자 다음 상황은 베이컨의 그림과 동일하다. "이 더러운 검둥이는 구멍 쪽으로 몸을 날려 거기에다 입술을 대고는 살려 달라고 신음했다! 목소리는 꺼져 들고, 이 좁고 긴 구멍을 통해서 빠져나가겠다고 미친 듯이 애를 쓰며 나무에 대가리를 밀어댔다. 우리는 완전히 당황했고, 이 믿을 수 없는 행동은 우리를 완전히 마비시켰다. 검둥이를 그 구멍으로부터 쫓아내는 것은 불가능해 보였다."[2] '쥐구멍으로 빠져나간다'는 일상적 표현은 이런 혐오스러움이나 처참한 운명을 표현하기에는 너무 평범하다. 히스테리 장면이다. 베이컨에게 있어서 성교, 구토, 배설 등 모든 일련의 경련은 이러한 유형이다. 언제고 신체는 아플라, 즉 물질

---

2) J. Conrad, 『나르시스의 검둥이(Le nègre du Narcisse)』, Gallimard, p. 103.

적 구조와 접합하기 위해 자신의 기관을 통해 빠져나가려 한다. 형상의 [30]
영역에서는 그림자도 신체만큼이나 현존을 가지고 있다고 베이컨은 자
주 말한다. 그러나 그림자가 이러한 현존을 획득하는 것은 그림자가 신
체를 빠져나왔기 때문이다. 그림자는 윤곽 안에서 국지화된 이런저런 점
을 통해 빠져나간 신체다. 그리고 베이컨의 외침은 신체 전체가 입을 통
해 빠져나가는 작용이다. 신체의 모든 발작. [6]

세면대의 대야는 하나의 장소이고 윤곽이다. 이것은 동그라미의 반복
이다. 그러나 여기서 윤곽에 대한 신체의 새로운 위치는 우리가 베이컨
의 회화에서 훨씬 복잡한 양상에 이르렀다는 사실을 보여 준다.(비록 이
복잡한 양상이 처음부터 거기에 있긴 있었지만 말이다.) 형상을 감싸기 위하
여 윤곽 주위를 둘러싸는 것은 이제 더 이상 물질적 구조가 아니다. 형상
자신이 스스로 물질적 구조 속으로 사라져 가기 위하여 윤곽 속에 있는
어떤 도피점을 통해 간다. 이것이 교환의 두 번째 방향이고, 웃기는 운동
경기의 두 번째 형태이다. 따라서 윤곽은 새로운 기능을 갖는다. 왜냐하
면 윤곽은 더 이상 판판하지 않기 때문이다. 윤곽은 부피감을 가지고 있
으며 아울러 도피점을 포함한다. 이 점에 있어서 베이컨의 우산은 세면
대와 비슷하다. 1946년과 1971년의 「회화」에서 형상은 주변의 동그라미
속에 잘 들어가 있다. 그렇지만 그와 동시에 형상은 반원 같은 우산에 의 [31, 32]
해 잡혀 있고, 우산 끝을 통해 온몸이 빠져나가기를 기다리고 있는 것 같
다. 그의 더럽고 천박한 웃음밖에는 보이지 않는다. 1970년의 「인간 신체
연구」와 1974년 5 · 6월의 「삼면화」에서 녹색의 움푹한 우산은 훨씬 더 [8, 33]
표면적으로 처리되어 있다. 그러나 웅크린 형상은 우산을 균형대, 낙하산,
진공청소기, 바람 빼는 기구로 사용한다. 수축된 신체 전체가 그 속으로
통과하려 하며, 머리는 이미 물려 있다. 윤곽으로서 우산은 화려하게 그
끝이 밑을 향해 길게 늘어져 있다. 신체가 그 자신의 일부 혹은 그 자신

을 둘러싸고 있는 것의 일부인 뾰족한 끝이나 구멍을 통해 빠져나가고자 하는 노력을 문학에서는 버로스가 가장 잘 보여 주었다. "조니의 신체는 턱을 향해 쭈그러든다. 수축은 점점 더 길어진다. 아이이이! 긴장된 근육이 소리를 지른다. 그리고 그의 몸 전체는 꼬리를 통해 빠져나가려고 한다."[3] 마찬가지로 베이컨에게 있어서도 1963년의 「주사기를 꽂고 누워 있는 형상」은, 그가 무엇이라 하든 간에 꼼짝 못하고 누워 있는 신체라기보다는 주사기, 다시 말해 인공 신체처럼 작용하는 구멍이나 도피점을 통해 빠져나가려 하는 신체라 해야 할 것이다.

[34]

트랙이나 동그라미가 세면대나 우산으로 연장되는 반면에 육면체나 평행육면체는 거울로 연장된다. 베이컨에게 있어서 거울은 단순히 반사하는 표면이 아니라 모든 것이 되고자 한다. 거울은 때로 검고 불투명한 두터움이다. 베이컨은 거울을 전혀 루이스 캐럴의 방식으로 보지 않는다. 신체는 거울 속으로 들어가 그의 그림자와 함께 거기에 거주한다. 여기에 매력이 있다. 거울 뒤에는 아무것도 없고, 그 안에 있다. 마치 신체가 구멍을 통해 통과하려고 수축되었듯이, 이제 거울 속에서는 길게 늘어나거나 납작해지며 혹은 고무처럼 늘어난다. 필요하다면 머리는 커다란 삼각형의 돌쩌귀에 의해 갈라진다. 또 이 갈라짐은 갈라진 머리의 양쪽에서 곧 반복될 것 같고, 그래서 수프 속의 비곗덩어리처럼 머리를 거울 전체로 흩어지게 할 것 같다. 우산이나 세면대, 또는 거울의 경우에서 보듯이, 형상은 단순히 격리되지만은 않고 수축되거나 빨려들어가서 변형되며, 때로는 늘어나거나 팽창하여 변형된다. 그것은 움직임이 더 이상 형상 주위에서 감기는 물질적 구조의 움직임이 아니라, 결국 아플라 속에서 사라져 버리려고 구조를 향해 나아가는 형상의 움직임이기 때문이다.

[35]

[36, 37]

[38]

---

3) Burroughs, 『벌거벗은 향연(*Le festin nu*)』, Gallimard, p. 102.

형상은 단순히 격리된 신체가 아니라 빠져나가는 변형된 신체이다. 신체의 변형을 피할 수 없는 까닭은 그가 물질적 구조와 어떤 필연적 관계를 가지고 있기 때문이다. 물질적 구조는 신체 주위에서 휘감기는데, 신체도 이 물질적 구조와 합해지고 거기에서 흩어지며 사라져야 한다. 그렇게 되려면 신체는 상상력이 아니라 감각을 구성하는, 다시 말해 사실적이고 물질적인 상태, 통행로를 구성하는 이 도구-인공 신체를 통해 가야 한다. 그래서 거울이나 신체는 많은 경우에 국지화될 수는 있다. 하지만 거울이나 세면대 혹은 우산 아래서 일어난 일은 즉시 형상 자체로 돌려진다. 거울이 보여 주는 것과 세면대가 예고하는 것은 어김없이 형상에게 일어난다. 머리는 변형을 받아들이기 위하여 철저한 준비가 되어 있다.(그 때문에 두상을 그려 놓은 곳에 지우고 솔로 문지르며 헝겊으로 닦은 부분들이 있는 것이다.) 그리고 이 도구들이 모두 총체적인 물질적 구조를 향해 있기 때문에 이것들을 특별히 세분할 필요도 없다. 그 까닭은 도구에 가해진 변형들이 즉각적으로 다시 형상에게 옮겨질 정도로, 잠재적인 거울이나 우산 혹은 세면대의 역할을 하는 것은 바로 구조 전체이기 때문이다. 1973년의 「자화상」에 나오는 돼지머리의 남자가 이것을 잘 보여 [19] 준다. 변형은 제자리에서 일어난다. 신체의 노력이 자신에게 행해지듯이 변형은 정체적이다. 신체 전체가 어떤 강한 움직임에 의해 주파되었다. 추할 정도로 변형시키는 움직임이 매 순간 사실적인 이미지를 신체에 가지고 와서 형상을 만든다.

4 신체, 고기와 기, 동물 — 되기

　신체는 형상이다. 아니 형상의 물적 재료이다. 형상의 물적 재료를 다른 편에 있는 공간화하는 물질적 구조와 혼동해서는 안 된다. 신체는 형상이지 구조가 아니다. 거꾸로 형상은 신체이기에 얼굴이 아니며, 얼굴도 없다. 형상은 머리를 가진다. 머리는 신체에 귀속된 신체의 일부이기 때문이다. 형상은 머리로 축소될 수도 있다. 초상화가인 베이컨은 머리의 화가이지 얼굴의 화가가 아니다. 이 둘 사이에는 커다란 차이가 있다. 왜냐하면 얼굴은 머리를 덮고 있는 구조화된 공간적 구성이지만 머리는 신체의 뾰족한 끝으로서 신체에 종속되어 있다. 그렇다고 기(氣)가 없다는 것은 아니다. 기는 신체다. 기는 살아 있는 신체적인 숨결이고 동물적인 것이다. 인간의 동물적 기다. 돼지 기, 물소 기, 개 기, 박쥐 기……. 따라서 베이컨이 초상화가로서 추구하는 것은 매우 특이하다. 얼굴을 해체하여 그 밑에 숨겨진 머리가 솟아나도록 하거나 다시 찾는 것이다.
　신체가 겪은 변형들 또한 머리의 동물적 특색들이다. 그렇다고 얼굴의 모양과 동물의 모양이 서로 상응한다는 것은 아니다. 사실 얼굴은 그를 분해하고 지우며 그 위에 솔질을 하는 작업을 겪음으로 해서 자신의 형태를 상실하였고 그 대신에 머리를 솟아나게 하였다. 지워진 부분을 유령처럼 맴돌고, 머리를 잡아당기며, 얼굴 없는 머리를 개별화하고 특징 짓는 표시들이나 동물적 특색들은 동물적 형태로부터 온 것이 아니라 기로부터 온 것이다.[1] 베이컨의 수법으로서 지우기나 특이한 특색은 여기서 특별한 의미를 갖는다. 인간의 머리는 동물에 의해 대체된다. 하지만 동물은 형태로서의 동물이 아니라 특색으로서의 동물이다. 예를 들어 (1976년의 삼면화에서) 전율하는 듯한 새의 모습은 지워진 부분 위에서 나사못처럼 빙빙 돌고 있고 반면에 얼굴을 가장한 좌, 우의 초상화들은 단지 '증인'으로 사용될 따름이다. 동물이, 예를 들어 실제상의 개가 주인의 그림자처럼 취급되는 때도 있다. 혹은 반대로 사람의 그림자가 자율적이고 뭔지 알기 어려운 동물의 형태를 취하기도 한다. 그 그림자는 우리가 숨겨 두었던 어떤 동물처럼 몸으로부터 빠져나가는 중이다. 베이컨의 회화가 구성하고 있는 것은 인간과 동물 사이의 형태적인 상응 대신에, 인간인지 동물인지 '구분할 수 없고 명확히 할 수 없는 영역'이다. 인간은 동물이 된다. 하지만 동시에 그 동물이 기이기 때문에, 다시 말해 인간의 기이기 때문에 인간은 동물이 된다. 에리니에스나 데스텡으로서(즉 인간에 대한 복수나 운명으로서) 거울 속에 나타난 그 인간의 물리적 기이기 때문에 인간은 동물이 된다. 이것은 인간과 동물 사이의 형태 결합이 아니라 차라리 둘 사이의 공통의 사실이다. 결국 베이컨에 있어서는 가장 격리된 형상마저도 이미 잠재적인 투우에서 자기 동물과 짝지어진 인간, 짝지어진 형상이다.

[26]
[39]
[30]
[40]

이러한 비구분의 객관적인 영역은 이미 신체 전체이다. 하지만 살이나 고기로서의 신체이다. 물론 신체는 뼈도 가지고 있지만 그것은 단지

---

1) 펠릭스 가타리가 이와 같은 얼굴 조직 해체 현상을 분석하였다. '얼굴성의 특색들'이 해방되어 머리의 동물성을 나타내는 특색들이 된다.(『기계적인 무의식(L'inconscient mach-inique)』, Recherches, p. 75 이하)

공간적 구조일 따름이다. 사람들은 흔히 살과 뼈를 구분하고, '살의 부모들'과 '뼈의 부모들'조차도 구분하였다. 그러나 신체가 더 이상 뼈에 의해 지탱되지 않게 되었을 때, 그리고 이제 더 이상 살이 뼈를 덮지 않게 되었을 때에 밝혀지게 된다. 신체는 뼈와 살이 각기 다른 것을 위해 존재하기는 하지만, 각각으로 보면 뼈가 신체의 물질적 구조이고 살이 형상의 신체적인 재료일 때만 밝혀지게 된다. 베이컨은 드가의 「목욕 후」에 나오는 여인을 좋아한다. 불연속적인 척추는 살에서 튀어나오는 것 같고, 그런 만큼 살은 더욱더 연약해 보이며 교묘하고 곡예사적이다.[2] 전혀 다른 상황 속에서 베이컨은 머리를 아래로 숙인 뒤틀린 형상의 척추를 그렸다. 살과 뼈는 이런 정도의 긴장에 도달하여야 한다. 따라서 회화 속에서 이러한 긴장을 실현한 것은 바로 고기이다. 물론 색채의 화려함에 의한 긴장도 거기에 포함된다. 고기는 살과 뼈가 서로를 구조적으로 구성하는 대신에, 국부적으로 서로 맞부딪힐 때의 신체 상태이다. 입과 작은 뼈라 할 수 있는 이빨도 마찬가지다. 고기 속에서는 살이 뼈로부터 '내려오는' 것 같고, 뼈는 살로부터 솟아나는 것 같다. 이것이 베이컨을 렘브란트나 수틴과 구별시키는 그의 고유한 점이다. 베이컨에게 신체에 대한 '해석'이 있다면, 그 해석은 그가 누워 있는 형상을 그리고 싶어하는 데에 있다. 이때 팔이나 허벅지는 위로 곧추서서 뼈의 역할을 하고 살은 그 뼈로부터 부드럽게 흘러내리는 것 같다. 1968년 삼면화 중앙에 동물적인 기의 증인들로서 옆으로 누워 잠자고 있는 두 쌍둥이들이 그렇고, 또한 연속적으로, 팔을 들고 자는 사람, 다리를 수직으로 하고 자는 여자, 허벅지를 들고 자는 여자, 마약에 중독된 여자 등이 그렇다. 피상적으로 나타난 사디즘을 넘어서, 뼈들은 살이 거기 매달려 곡예를 하는 기계 체조의 기구 혹은 뼈대와도 같다. 신체의 운동은 당연히 이 살의 운동 속에

[41]

[42]
[43, 44]
[45]

---

2) E. I, pp. 92~94.

[46, 47] 서 연장된다. 우리는 베이컨의 작품에서 추락의 중요성을 보게 될 것이다. 그러나 이미 십자가형(刑)에서 베이컨의 관심을 끈 것은 내려감이다. 이 때 거꾸로 숙인 머리는 살을 보여 준다. 1962년과 1965년의 십자가형에서 우리는 십자가-소파와 뼈 같은 틀 안에서 살이 뼈로부터 내려옴을 본다. 카프카와 마찬가지로 베이컨에게 있어서도 척추는 살인자가 아무것도 모르고 잠만 자고 있는 사람의 신체 안에 쑤셔넣은 피부 밑의 칼일 따름이다.[3] 그림을 다 그리고 나서 아무렇게나 물감을 뿌리고 보니 뼈가 하나 더 그려지게 되는 경우도 있다.

고기에 대한 연민! 고기는 의심할 여지 없이 베이컨의 가장 높은 연민의 대상, 영국인이며 아일랜드인인 그의 유일한 연민의 대상이다. 이 점에 있어서는 수틴이 유태인에 대한 무한한 연민을 가진 것과 같다. 고기는 죽은 살이 아니라, 살아 있는 살의 모든 고통과 색을 지니고 있다. 거기에는 발작적인 고통, 상처받기 쉬운 특성이 있을 뿐만 아니라 매력적인 창의력이 있고 색과 곡예가 있다. 베이컨은 '짐승에 대한 연민'이라고 하지 않고 차라리 '고통받는 모든 인간은 고기다.'라고 말한다. 고기는 인간과 동물의 공통 영역이고 그들 사이를 구분할 수 없는 영역이다. 고기는 화가가 그의 공포나 연민의 대상과 일체가 되는 바로 그 '일'이며 그 상태이기조차 하다. 화가는 확실히 도살자이다. 그러나 그는 십자

[31] 가에 박힌 고기와 함께 교회 같은 도살장에 있다. 오직 도살장 안에서만 베이컨은 종교화가가 된다. "나는 항상 도살장과 고기에 관계된 이미지들에 의해 커다란 충격을 받았습니다. 나에게 이런 이미지는 십자가형과 밀접히 연관되지요. ……확실히 우리는 고기이고 힘있는 뼈대들입니다. 정육점에 가면 나는 항상 저기 동물의 자리에 내가 없음을 보고 놀랍니다……."[4] 18세기 말엽의 소설가인 모리츠는 한 인물을 '묘한 감정'을

---

3) F. Kafka, 『검(*L'épée*)』.
4) *E. I*, p. 55, 92.

가지고 묘사한다. 이 감정은 거의 허무에 가까운 무의미와 격리의 격렬한 감정이다. '갈가리 찢기고 으깨진' 네 사람의 처형에 참석했을 때 어떤 고문의 전율을 느꼈다. 이 사람들의 찢어진 조각들은 바퀴나 난간 위에 던져졌다. 이상하게도 우리가 관련되어 있었으며, 우리 모두가 바로 이 던져진 고기였다. 관객은 이미 이 광경 속에, 다시 말해 "떠도는 살덩어리 속에" 들어가 있다는 확신이 들었다. 이러한 동물들 자체가 바로 인간들이고, 우리도 범죄자나 희생된 동물이라는 생각이 생생히 들었다. 마침내는 죽어 가는 동물에 의해 매혹당했다. "송아지, 머리, 눈, 콧방울, 코……. 때때로 그는 자신을 잊을 정도로 동물 생각에 너무 빠져들어, 한순간 그 자신이 그러한 동물적인 존재를 경험한다고 믿었다……. 간단히 말해, 혹시 그가 인간들 사이에 있으면서 개나 혹은 다른 동물이 아니었을까 하는 의심이 그의 생각을 어린 시절부터 자주 사로잡았더랬다."[5] 모리츠의 글은 화려하다. 이것은 인간과 동물의 화해가 아니며 그들의 닮음도 아니다. 이것은 근본적인 동일화이며, 모든 감정적인 동화보다도 훨씬 깊은 비구분의 영역이다. 고통받는 인간은 동물이고, 고통받는 동물은 인간이다. 이것은 되어 가고 있는 현실이다. 예술과 정치, 종교 혹은 어디서나 혁명적이었던 그 누구도, 죽어 가는 송아지 앞에서 자신 또한 동물 이외에는 아무것도 아니라고 할 이 격렬한 순간을 경험하지 않았을 리 있겠는가? 죽어 가는 송아지들을 느끼는 것이 아니라 그 앞에서 책임을 느끼지 않을 수가 있겠는가?

고기와 머리에 대해서도 동일한 사실을, 정말 하나도 틀림없는 동일한 사실을 말할 수 있을까? 다시 말해 이것이 인간과 동물의 객관적인 비결

---

[5] 장 크리스토프 바일리가 모리츠(K. P. Moritz, 1756~1793)의 아름다운 이 글을 알게 해 주었다.(『사라진 전설과 독일 낭만주의 선집(*La légende dispersée, anthologie du romantisme allemand*)』, 10/18, pp. 35~43)

정의 영역임을 말할 수 있을까? 고기가 기인 만큼 머리도 고기라고 객관적으로 말할 수 있을까? 신체의 모든 부분 가운데 뼈와 가장 가까운 것은 머리가 아닌가? 그레코를 보고 또 수틴을 보면 알 수 있을 것이다. 하지만 베이컨은 머리를 그렇게 체험하지 않은 것 같다. 뼈는 머리에 속하는 것이 아니라 얼굴에 속한다. 베이컨에 따르면 딱딱하게 죽어 굳어 버린 머리는 없다. 머리는 골질이 아니라 무골질이다. 그렇다고 해서 흐물거리는 것이 아니라 단단하다. 머리는 살로 되어 있고, 그 껍데기마저도 죽은 것이 아니다. 머리는 살과 분리된 단단한 살덩어리이다. 윌리엄 블레이크의 초상화는 이렇게 되어 있다. 베이컨의 머리는 안구가 없는 아주 아름다운 시선이 떠돌고 있는 살덩어리이다. 그가 렘브란트를 칭송하는 것이 바로 이 점으로서, 렘브란트는 자신의 마지막 자화상을 그릴 때 안구 없는 살덩어리처럼 그릴 줄을 알았다.[6] 베이컨의 전 작품 속에서 머리-고기의 관계는 이 관계를 더욱더 내밀하게 만드는 아주 밀도 높은 단계에 있다. 우선 한쪽은 살이고 다른 쪽은 뼈인 고기는 형상-머리가 위치한 트랙이나 난간의 턱에 놓인다. 그러나 고기는 우산 아래서 얼굴을 해체하는 머리를 감싸는 살로 된 두툼한 비이기도 하다. 교황의 입에서 튀어나오는 고함과 그의 눈에서 나오는 연민은 고기를 대상으로 한다. 다음으로, 고기는 머리를 가지고 있는데, 고기는 이 머리를 통해서 달아나고 밑으로 내려온다. 그것은 앞서 나온 두 개의 십자가형에서 볼 수 있었다. 베이컨의 모든 머리는 고기와의 동일성을 주장할 수 있다. 그런데 그 머리 가운데 가장 아름다운 것은 붉은색과 파란색의 고기 색으로 그려진 것들이다. 결국 고기 자체는 머리이고 머리는 「십자가형의 조각」에서처럼 고기의 국한되지 않은 힘이 되었다. 여기서 고기 전체는 십자가 꼭대기 위에 웅크린 개-기의 시선 아래서 짖어댄다. 베이컨이 이 그림을

〔48, 49〕

〔50〕

〔51, 52〕

---

[6] *E. I*, p. 114. "만약 당신이, 예를 들어 악상-프로방스에 있는 렘브란트의 초상화를 분석해 보면, 거기에는 안구가 없고 또 이 초상화가 완전히 반-삽화적임을 알게 될 것입니다."

좋아하지 않은 까닭은 외적 방식의 단순성 때문이다. 그 방식이란 고기 한가운데에다 입만 뚫는 것이었기 때문이다. 그보다는 입과 입의 안쪽이 더 고기와 같은 것임을 보여 주어야 한다. 그래서 열린 입이 잘린 동맥이 될 정도에 이르러야 한다. 즉 삼면화 「스위니 에고니스트들……」의 피가 [53] 뚝뚝 흐르는 판에서처럼 열려진 입이 동맥과도 같은 윗옷의 소매 부분이 되어야 한다. 그럼으로써 입은, 고기 전체가 얼굴 없는 머리가 되는 국지적이지 않은 힘을 얻는다. 입은 더 이상 특수한 기관이 아니라 그것을 통해서 몸이 빠져나가고 살이 흘러내리는 구멍이다.(여기서는 의지적이지 않은 자유로운 표시들이 필요할 것이다.) 고기에 대한 큰 연민 속에서 베이컨이 고함이라고 부르는 것은 바로 이것이다.

5 베이컨의 여러 단계와 양상

　　머리-고기란 인간의 동물-되기이다. 그리고 이 됨 속에서 신체 전체가 빠져나가려 하고, 또 형상은 물질적 구조와 합쳐지려 한다. 이미 우리는 이것을 형상이 뾰족한 점이나 구멍을 통해 빠져나가려고 자신에게 가한 용쓰기 속에서 보았다. 혹은 형상이 거울이나 벽 속으로 통과할 때 형상이 취한 상태에서 보았다. 하지만 아직 형상은 물질적 구조 속에서 해체되지 않았다. 형상은 아직 아플라 속에서 정말로 해체될 정도로, 밀폐된 우주의 벽 위에서 지워질 정도로, 분자적 직물과 혼합될 정도로 아플라에 합쳐지지 않았다. 오직 색과 빛일 따름인 어떤 정의가 지배하기 위해서는, 오직 광막한 사하라 사막과 같은 공간이 지배하기 위해서는 바로 이러한 완전한 합일에까지 이르러야 할 것이다.[1] 말하자면 동물-되기는 그것이 아무리 중요해도, 형상이 사라지게 될 어떤 더 깊은 알 수 없는 됨을 향한 단계에 불과하다는 것이다.

　　신체 전체는 소리치는 입을 통해 빠져나간다. 신체는 교황이나 유모의 둥근 입을 통해 동맥을 통해 나가듯 빠져나간다. 하지만 고함이 베이 〔54, 55〕

---

[1] *E.* I, p. 111. "당신은 초상화를 그리면서 사하라 사막과 같은 모습을 그리고 싶을 것입니다. 비록 그렇게 하기가 사하라 사막의 거리만큼이나 요원해 보이더라도 말입니다."

컨의 입들에서 최종적인 것은 아니다. 베이컨은 외침 너머에는 그가 접근할 수 없었던 미소가 있었음을 암시한다.[2] 확실히 베이컨은 겸손하다. 사실 그는 그의 회화 가운데 가장 아름다운 것들인 미소들을 그렸다. 미소는 가장 이상한 기능인 신체의 소실을 담당한다. 베이컨은 바로 여기에서, 즉 고양이의 웃음에서 루이스 캐럴을 재발견한다.[3] 벌써 우산을 [31] 받친 남자의 머리에는 떨어지고 있는 불안한 미소가 있다. 바로 이 미소를 위하여 얼굴은 신체를 녹이는 산에 의한 듯이 해체된다. 같은 사람을 [32] 그린 두 번째 판은 이 미소를 비난하고 일으켜 세운다. 더욱이 1954년의 교황 그림이나 침대에 누워 있는 사람의 웃음은 빈정거리는 것 같고, 참고 견디기 어려워 보인다. 그러한 미소는 신체가 사라지고 나서도 남을 것 같다. 눈과 입이 그림의 수평적 선들 위에 정렬되어서 공간적으로 오 [56, 57] 직 고집스러운 미소만 남도록 하기 위해 얼굴은 사라진다고 하겠다. 이같은 미소를 뭐라고 이름붙일까? 베이컨은 이 미소가 히스테리와 같은 것임을 암시한다.[4] 추잡한 미소, 미소의 더러움. 그리고 만약 우리가 삼면화에 판의 순서와는 다른 어떤 순서를 도입하기를 꿈꾼다면, 1953년의 [58] 삼면화가 그러한 순서를 보여 준다고 할 수 있다. 우선 중앙에서 외치는 입, 다음으로 왼쪽의 히스테리컬한 미소, 그리고 마지막으로 오른쪽의 수그리고 흩어지는 머리.[5]

---

2) *E. I*, p. 98. "나는 결코 성공하지는 못했지만, 언제나 미소를 그리려고 하였다."
3) Lewis Carroll, 『이상한 나라의 앨리스(*Alice au pays des merveilles*)』, 6장. "미소로써 끝을 내면서 그는 아주 천천히 사라질 것이다. …… 그 미소는 동물의 잔해가 사라진 후에도 얼마간 지속되었다."
4) *E. I*, p. 95.
5) 우리는 여기서 존 러셀과는 생각이 다르다. 그는 이 삼면화의 순서를 왼쪽에서 오른쪽으로의 연속과 혼동하고 있다. 그는 왼쪽에서는 '사회성'의 기호를 보고, 중앙에서는 대중적인 담화를 본다.(『프란시스 베이컨(*Francis Bacon*)』, du Chêne, p. 92) 그 모델이 수상이라고 해서 불안한 미소가 어떻게 사회적으로 간주될 수 있으며, 중앙의 외침이 어떻게 담화로 생각될 수 있을지 모르겠다.

밀폐되었지만 무한한 우주 속에서 사라짐이 이러한 극단에까지 이르
게 되면 형상이 트랙이나 평행육면체라는 제한된 공간에 갇혀 격리될 수
없음은 명백하다. 그러므로 우리는 다른 어떤 좌표들 속에 놓이게 된다.
벌써 외치고 있는 교황의 형상은 두툼한 칼날 뒤에 놓여 있다. 혹은 으스
름하게 투명한 커튼의 빗장 뒤에 있다. 신체의 윗부분 전체는 흐릿해져
서 줄쳐진 수의 위에 새겨진 흔적밖에는 남지 않았고, 신체의 아랫부분
은 비켜 빠지고 있는 커튼의 바깥에 아직 남아 있다. 여기서는 마치 신체
가 윗부분이 뒤에서 당겨짐으로 하여 점차적으로 멀어지는 효과가 온다. 〔54〕
상당히 오랫동안 베이컨은 이 방식을 사용하였다.「초상화를 위한 연구」〔57〕
에서도 앞에서와 동일한 수직의 커튼 날이 혐오스럽게 보이는 미소를 부
분적으로 감싸고 줄을 긋는다. 반면 머리와 신체는 배경인 차양의 수평
빗장을 향해 빨려들고 있는 것 같다. 따라서 전체 기간을 놓고 본다면 우
리가 처음에 규정했던 것과는 상반되는 규약이 강요된다고 말할 수 있을
것이다. 도처에 흐릿함, 비결정, 형태를 잡아끄는 배경의 작용, 그림자가
노니는 두터움, 뉘앙스가 주어진 어스름한 직물적 짜기, 가까워지고 멀
어지는 효과가 지배한다. 한마디로 말해서 실베스터가 지적한 말러리슈
적인 처리들이다.[6] 다음이 실베스터로 하여금 베이컨의 회화에서 세 시
기를 구분하도록 한 것이다. 첫 번째는 정밀한 형상과 생생하고 판판한
아플라를 대비시킨 시기이고, 두 번째로는 '말러리슈적인' 형태를 커튼
을 가진 색조적인 배경 위에서 처리하는 시기이며, 세 번째는 앞의 이 '두
적대적인 규약'을 합한 것으로, 생생하고 판판한 배경으로 되돌아오지만
지엽적으로는 줄을 긋고 솔질을 하여 흐릿한 효과를 다시 만들어 내는

---

[6] 말(Mal)은 얼룩을 의미하는 '마퀼라(Macula)'에서 파생하였다.(거기에서 그린다는 의미의 말렌
(Malen)이 나왔고, 화가라는 의미의 말레르(Maler)가 나왔다.) 뵐플린은 말러리슈라는 말을 선적
인 것에 상대되는 회화적인 것을 지적하기 위해 사용한다. 혹은 더 정확히 말하자면, 윤곽에 대한 덩
어리적인 것을 지적하기 위해 사용한다.(『예술사의 기본 원리들(*Principes fondamentaux de
l'histoire de l'art*)』, Gallimard, p. 25)

것이다.[7]

그러나 이 둘을 종합하는 것이 세 번째 시기만은 아니다. 두 번째 시기도 이미 첫 번째 시기를 부정하기보다는 스틸과 창조의 통일성 속에서 첫 번째 기간에 더 덧붙여진 것이다. 형상의 새로운 위치가 나타나지만 다른 위치들과 함께 공존할 따름이다. 가장 간단히 말해서, 고립되고 달라붙어 있으며 수축되었지만 또 마찬가지로 버려지고 빠져나가며, 사라지고 흐릿한 특색을 가진 형상에 대해서 보면, 커튼 뒤의 형상의 위치는 트랙과 막대기 위 그리고 평행육면체 속의 위치와 완벽하게 결합한다. [59] 1952년의 「벌거벗은 채 웅크리고 있는 사람 연구」가 그러하다. 1953년의 [18] 「개와 함께 있는 남자」는 베이컨 회화의 세 가지 기본적인 요소들을 다시 취하지만 그것은 흐릿한 전체 속에서이다. 그 속에서 형상은 그림자일 따름이고, 물웅덩이는 불확실한 윤곽일 따름이며, 인도는 거무스름한 표면에 불과하다. 따라서 본질적인 것은 다음이다. 분명 각 시기의 특색들이 시기별로 연속해서 나오지만, 반면에 영구적으로 현재하는 베이컨 회화의 동시적인 삼요소 덕택에 각 시기의 공존적인 양상들도 있다. 그 삼요소는 골격 혹은 물질적 구조, 자리 잡은 형상, 이 둘의 경계인 윤곽이다. 이들은 아주 엄밀한 체계를 구성하기를 그만두지 않을 것이다. 혼탁하게 하는 작업, 흐릿한 현상, 멀어져 가거나 소실되는 효과는 바로 이 체계 안에서 일어난다. 그리고 이 효과들은 그 자체로도 전체 속에서 엄밀한 움직임을 구성하기에 더욱 강렬하다.

아주 최근의 네 번째 시기를 구분할 수 있는 여지가 있을 것이다. 형상이 더 이상 단지 흩어짐의 요소들만을 가지고 있는 것이 아니라고 생각

---

7) E. II, p. 96. 다비드 실베스터에 의해 구분된 세 시기.

해 보자. 또한 형상이 이 요소만을 특권시하거나 거기에만 매달리지 않는다고 가정해 보자. 실제로 형상이 사라져 버리고 옛적의 그 희미한 흔적만 남겨놓았다고 가정해 보자. 그러면 아플라는 수직적인 하늘처럼 열릴 것이고, 동시에 더욱더 구조화의 기능들을 담당할 것이다. 윤곽적 요소들은 자유로운 골격을 형성하는 공간 속에서 더욱더 자체 내에서만 분할을 하고 평면적인 구역들과 지역들을 결정할 것이다. 하지만 동시에 형상을 솟아나게 하였던 혼탁하고 지워진 영역은 이제는 모든 정해진 형태로부터 독립하여 자체로서 가치를 가지게 될 것이다. 그리하여 대상 없는 힘으로서, 폭풍의 파도로서, 분수나 증기의 분출로서, 태풍의 눈으로서 나타날 것이다. 이러한 것은 연락선이 된 세계 속의 터너(Turner)를 [60] 상기시킨다. 예를 들어 모든 것은(특히 검은 지역은) 인접한 두 푸른색들, 즉 분출과 아플라 사이의 대비를 위해 조직된다. 우리가 베이컨의 작품 [61, 62, 63] 에서 이렇게 새로이 조직되는 예를 단지 몇 개밖에 모른다고 해서 이것이 새로이 탄생하는 시기와 관계된다는 사실을 배제해서는 안 된다. 더 이상 형상을 필요로 하지 않는 자기 스스로를 위한 추상의 문제이다. 형상은 다음과 같은 예언을 실현하면서 사라진다. 즉 너는 이제 앞으로 모래나 풀 그리고 먼지 혹은 물방울 외에는 아무것도 아니리라……[8] 풍경은 이미 모래로 만들어졌던 것처럼 보이는 스핑크스가 변형된 요소들을 간직하기는 하지만, 나타내 보여 주기 위한 다면체를 떠나서 자기 자신을 위해 흐르고 있다. 이제 모래는 어떠한 형상도 다시 취하지 않는다. 풀이나 땅 혹은 물도 마찬가지다. 이 새로운 텅 빈 공간과 형상 사이의 연결부에는 파스텔의 눈부신 사용이 있다. 모래는 다시 스핑크스를 구성할 수도 있을 것이다. 하지만 너무나 부서지기 쉽고 파스텔처럼 되어서 우리는 형상들의 세계가 그 새로운 힘에 의해 심각하게 위협받고 있음을

---

8) 우리는 현재 이런 새로운 추상과 관계되는 그림을 여섯 점밖에는 알지 못한다. 앞서 언급한 네 점 외에 1978년의 「풍경」과 1982년의 「수도꼭지에서 흐르는 물」이 있다.

느낀다.

　만약 우리가 앞서 확인된 시기들의 개별성에만 집착하게 되면 모든 움직임이 공존한다는 사실을 생각하기란 어렵게 된다. 하지만 그림이란 이러한 모든 움직임의 공존이다. 구조, 형상, 윤곽이라는 세 요소가 일단 주어지면, 첫 번째 움직임은(혹은 '긴장은') 구조로부터 형상으로 간다. 구조는 아플라로서 제시된다. 하지만 구조는 윤곽 주위에서 원통형처럼 감기려 든다. 그러면 윤곽은 동그라미, 타원형, 막대 혹은 막대 체계들과 같은 고립시키는 요소로서 제시된다. 그리고 형상은 윤곽 속에서 고립되어 완전히 밀폐된 세상이다. 그러나 이제 두 번째 움직임, 즉 두 번째 긴장이 형상에서 물질적 구조로 향한다. 윤곽은 변한다. 그리고 변형시키는 기능을 담당하며 세면대나 우산의 반원, 거울의 두터움이 된다. 형상은 구멍을 통해 혹은 거울 속으로 통과하기 위하여 수축하거나 팽창한다. 형상은 소리치는 일련의 변형 속에서 특이한 동물-되기를 경험한다. 형상은 윤곽의 중개를 통해 마지막 웃음과 함께 아플라와 결합하려 하고 구조 속에서 사라지려고 한다. 이때 윤곽은 더 이상 변형자로서 작용하는 것이 아니라 형상이 무한으로 사라지는 커튼으로 작용한다. 따라서 가장 밀폐된 이 세계는 동시에 가장 무제한적인 세계이다. 간단한 동그라미로부터 시작하는 윤곽인 가장 단순한 것만을 보더라도, 우리는 이 형태의 발전과 그 기능의 다양성을 알 수 있다. 이 동그라미 윤곽은 우선 격리시키는 것으로서 형상의 최종적인 영역이다. 그러나 그럼으로써 동그라미는 이제 벌써 '절멸자', '비영지화시키는 자'이다. 그 까닭은 동그라미는 형상을 모든 자연적 환경과 단절시키면서 구조로 하여금 자체 내에서 휘감기도록 강요하기 때문이다. 그러면서 동그라미는 아직도 운송 수단이다. 그 까닭은 동그라미는 형상이 그에게 남아 있는 작은 영역 속에서 조그만 산책을 하는 것을 안내하기 때문이다. 동그라미 윤곽은 또 기계 체조 기구이고 인공 보철 기구이다. 왜냐하면 갇힌 형상의 체조를 받쳐 주기 때문이다. 이어서 형상이 구멍이나 뾰족한 틈을 통해 윤곽 안으로 통과할 때는 변형시키는 것으로서 작용한다. 그리고 살의 곡예를 위해 다시 전과는 다른 새로운 의미로서 기계 체조 기구와 인공 보철 기구가 된다. 마지막으로 윤곽은 그 뒤에서 형상이 구조와 합치되며 해체되는 장막이 된다. 한마디로 윤곽은 형상과 구조 사이의 두 방향에서 연락을 보장해 주는 삼투막이며 그것이 됨을 그만두지 않는다. 1978년의 「회화」에서 문에 박힌 오렌지색의 윤곽을 보자. 이 윤곽은 우리가 말한 모든 기능과 형태를 취할 준비가 되어 있다. 모든 것은 각각의 층리에서 반복되어 나타나는 심장의 수축과 팽창으로 나뉠 수 있다. 신체를 쥐어짜는 수축은 구조로부터 형상으로 향하고, 신체를 펼치고 흩뜨리는 팽창 운동은 형상으로부터 구조로 향한다. 그러나 신체가 더욱더 잘 갇히기 위하여 늘어날 때 이미 팽창은 수축 속에 들어 있다. 마찬가지로 신체가 사라지기 위해 수축될 때에 이미 수축은 팽창 속에 들어 있다. 그리고 신체가 사라질 때에도 신체는 자신을 주변으로 보내기 위해 그를 잡아 문 힘들에 의해 수축되어 있다. 그림 속에서의 이러한 모든 움직임들의 공존, 그것은 바로 리듬이다.

[27]

6 회화와 감각

구상화하기(다시 말해 삽화적이면서 서술적인 것)를 추월하는 두 방식이 있다. 하나는 추상적인 형태로 향하는 것이고, 다른 하나는 형상으로 향하는 것이다. 형상의 길, 바로 그것에게 세잔은 감각이라고 하는 간단한 이름을 주었다. 형상은 감각에 결부된 느낄 수 있는 형태이다. 감각은 살의 시스템인 신경 시스템 위에 직접 작용한다. 추상적 형태는 두뇌의 중개에 의하여 움직이기 때문에 뼈에 훨씬 가깝다. 물론 회화에 있어서 이러한 감각의 길을 개발한 사람이 세잔이라는 것은 아니다. 그렇지만 세잔은 이 길에 전례 없는 위상을 부여하였다.

감각이란 쉬운 것, 이미 된 것, 상투적인 것의 반대일 뿐만 아니라, '피상적으로 감각적인 것'이나 자발적인 것과도 반대이다. 감각은 주체로 향한 면이 있고,(신경 시스템, 생명의 움직임, '본능', '기질' 등 자연주의와 세잔 사이의 공통적인 어휘처럼) 대상으로 향한 면도 있다.('일', 장소, 사건) 차라리 감각은 전혀 어느 쪽도 아니거나 불가분하게 둘 다이다. 감각은 현상학자들이 말하듯이 세상에 있음이다. 나는 감각 속에서 되고 동시에 무엇인가가 감각 속에서 일어난다. 하나가 다른 것에 의하여, 하나가 다른 것 속에서 일어난다.[1] 결국은 동일한 신체가 감각을 주고 다시 그 감각을 받는다. 이 신체는 동시에 대상이고 주체이다. 관객으로서 나, 나는 그림 안에 들어감으로써만 감각을 느낀다. 그럼으로써 느끼는 자와 느껴지는 자의 통일성에 접근한다. 인상주의자들을 뛰어넘은 세잔의 가르침은 바로 이것이다. 감각이란 빛과 색의 자유롭거나 대상을 떠난 유희 속에 있는 것이 아니라, 반대로 신체 속에 있다. 비록 그 신체가 사과의 신체라 할지라도 상관없다. 색은 신체 속에 있고 감각은 신체 속에 있다. 공중에 있는 것이 아니다. 그려지는 것은 감각이다. 그림 속에서 그려지는 것은 신체이다. 그러나 신체는 대상으로서 재현된 것이 아니라, 그러한 감각을 느끼는 자로서 체험된 신체이다.(이것이 로렌스가 세잔에 대해서 말하면서 '사과의 사과적인 본질'이라고 불렀던 것이다.)[2]

[64]

바로 이것이 베이컨을 세잔에게 연결시킨 아주 보편적인 끈이다. 감각을 그린다, 혹은 베이컨이 세잔과 아주 가까운 어휘로서 말하듯이, 일을 기록한다. "왜 어떤 회화가 신경 시스템을 직접 건드리는지를 안다는 것은 아주 어렵고도 치열한 문제이다."[3] 혹자들은 이 두 화가 사이에는 뚜렷이 다른 점들밖에는 없다고 말할 것이다. 세잔의 세계는 풍경과 정물이다. 그리고 초상화도 풍경화처럼 처리되었다. 반면 베이컨에게 있어서는 풍경과 정물의 서열이 밑으로 내려와서 위계가 전도된다.[4] 세잔의 세

---

1) Henri Maldiney, 『시선, 말, 공간(*Regard, Parole, Espace*)』, l'Age d'homme, p. 136. 말디네나 메를로퐁티와 같은 현상학자들은 세잔을 아주 훌륭한 화가로 생각한다. 실제로 그들은 감각 혹은 '느끼기'를 아주 잘 분석한다. 느끼기란 감각적인 질감을 우리가 알아볼 수 있는 어떤 대상에게 돌리는 것일 뿐만 아니라,(구상적인 순간) 각각의 질감이 그 자체로서 가치를 가지면서도 또 다른 영역들과 간섭하는 영역을 구성하는 것이다.('흥분하는' 순간) 감각의 이러한 측면을 헤겔의 현상학은 간과한다. 하지만 이것은 가능한 모든 미학의 근본이다.(Maurice Merleau-ponty, 『인식의 현상학*Phénoménologie de la perception*』, Gallimard, pp. 240~281; 앙리 말디네, 앞의 책, pp. 124~208)
2) D. H. Lawrence, 「이러한 회화들에 대한 입문(introduction à ces peintures)」, 『에로스와 개들(*Eros et les chiens*)』, Bourgois.
3) *E. I*, p. 44.

계는 자연의 세계이고 베이컨의 세계는 인공의 세계이다. 그러나 우리가 보기에 중요한 요소는 바로 여기에 있다. 즉 이 명백한 차이야말로 '감각'과 '기질'에 기인한 것이 아닌가? 즉 이 차이는 베이컨을 세잔에 연결시키는 것 속에, 그들의 공통적인 것 속에 새겨지는 것이 아닌가? 베이컨이 감각에 대해 말할 때 그는 세잔과 아주 가까운 두 가지를 의미한다. 부정적으로는, 베이컨은 감각으로 환원되는 형태(형상)는 그것이 재현하는 것으로 간주되는 대상으로 환원되는 형태(구상)의 반대라고 말한다. 발레리의 말에 따르면 감각이란 이야기할 스토리를 통해 우회하거나 번거로움을 거치지 않고 직접적으로 전달하는 것이다.[5] 긍정적으로는, 베이컨은 감각은 하나의 '범주'에서 다른 범주로, 하나의 '층'에서 다른 층으로, 하나의 '영역'에서 다른 영역으로 이동하는 것이라고 항상 말한다. 그 때문에 감각은 변형의 주역이고 신체를 변형시키는 행위자이다. 이 점에 있어서 우리는 구상적인 회화나 추상적인 회화에 대해 똑같은 비난을 할 수 있다. 이러한 회화들은 두뇌를 통과하지, 신경 시스템 위에서 직접 작용하지는 않는다. 이것들은 감각적으로 작용하지도 형상을 도출해 내지도 않는다. 왜냐하면 이 회화들은 단 하나의 동일한 층에 머무르기 때문이다.[6] 이들은 형태의 변형은 할 수 있지만 신체의 변형을 이루지는 못한다. 이 점에 있어서 베이컨은 세잔의 제자였다기보다는 세잔적이다. 우리는 이 사실을 다시 보게 될 것이다.

그의 대담 도처에서 베이컨이 항상 '감각의 범주들', '감각의 층들', '감각의 영역들' 또는 '움직이는 일련의 것들'에 대해 말할 때, 그는 과연 무엇을 의미할까? 우리는 우선 각각의 범주와 층리 혹은 영역에 하나의 특

---

4) *E. I*, pp. 122~123.
5) *E. I*, p. 127.
6) 이 모든 테마들은 『대담』에서 계속된다.

화한 감각이 상응한다고 믿을 수 있을 것이다. 즉 그러면 각각의 그림은 하나의 시퀀스나 시리즈 등에서 하나의 귀결일 것이다. 예를 들어 렘브란트의 자화상들 시리즈는 우리를 다른 감각적인 영역들로 인도한다.[7] 모든 회화, 특히 베이컨의 회화가 시리즈로 행해진다는 것은 사실이다. 십자가형 시리즈, 교황 시리즈, 초상화 시리즈, 자화상 시리즈, 입 시리즈, 고함치는 입 시리즈, 미소 짓는 입 시리즈……. 더 나아가 시리즈는 삼면화에서 보듯이 동시적일 수도 있다. 이때 삼면화는 최소한 세 범주 혹은 세 층리를 공존하도록 한다. 그리고 시리즈는 대비적으로 구성되었을 때는 닫힐 수 있고, 반면에 이 세 개를 넘어서서 계속되거나 계속될 수 있으면 열릴 수 있다.[8] 이 모든 것은 옳다. 하지만 또 다른 것이 없다면 사실이 아닐 것이다. 이 다른 것은 각 그림에, 각 형상에, 각 감각에 이미 해당되는 것이다. 그것은 바로 각 그림, 각 형상은 그 자체가 이미 움직이는 시퀀스이거나 시리즈라는 사실이다.(단순히 한 시리즈의 귀결에 불과한 것이 아니다.) 또한 각 감각은 여러 영역 속에, 또는 서로 다른 범주들의 여러 층에 위치한다는 사실이다. 따라서 여러 다른 범주의 여러 다른 감각들이 있는 것이 아니라 하나의 유일하고 동일한 감각의 여러 다른 범주들이 있다. 감각은 구성적 층리의 차이와 여러 다양한 구성적 영역들을 포괄한다. 전체 감각과 전체 형상은 석회암적인 형상에서처럼 이미 '축적되고' '응결된' 감각이다.[9] 그로부터 감각의 다른 무엇으로도 환원할 수 없는 종합적인 성격이 나온다. 이 종합적 성격에 의해 각각의 물질적 감각은 여러 층리, 여러 범주 혹은 영역들을 갖는다. 그러면 사람들은 이 종합적 성격이 어디에서 오는가라고 질문할 것이다. 이 층리들이란 무엇이고, 무엇이 이 층리들로 하여금 느끼는 것과 느껴지는 것으로

---

7) *E.* I, p. 62.
8) *E.* II, pp. 38~40.
9) *E.* I, p. 114. "비재현적인 표시들의 응결."

서 하나의 통일체를 만드는가?

　다음의 첫 대답은 물론 받아들여질 수 없는 것이다. 어떤 감각의 종합적이고 물질적인 통일성을 만드는 것은 바로 재현된 대상, 구상적인 사물이라는 대답이다. 이것은 이론적으로 불가능하다. 왜냐하면 형상은 구상과 대립하기 때문이다. 하지만 누군가 (사실 베이컨이 그렇게 하듯이) 그래도 실제적으로는 무언가가 구상적으로 그려졌다고 반박한다고 해도,(예를 들어 외치는 교황이 그려졌다.) 이 이차적인 구상은 첫 번째의 일차적인 구상을 중화시킴으로써 만들어지는 것이다. 베이컨 자신도 형상이 구상과 단절하려는 의도를 나타내는 바로 그 순간에, 실질적으로는 어쩔 수 없이 구상이 유지되고 있는 문제에 대해 스스로에게 질문을 던진다. 우리는 베이컨이 이 문제를 어떻게 해결하는가를 보게 될 것이다. 아무튼 베이컨은 '단순히 감각적인 것'을 제거하려고, 다시 말해 격렬한 감각을 유발시킨 것에 대한 일차적 구상을 제거하기를 끝없이 원한다. 다음이 그러한 공식의 뜻이다. "나는 공포보다는 고함을 그리기를 원했습니다." 그가 교황을 그릴 때, 거기에는 공포를 유발할 만한 것은 아무것도 없다. 교황 앞의 커튼은 단지 그를 고립시키고 시선으로부터 떼어 내는 한 방법일 뿐만 아니라, 나아가 교황 자신이 아무것도 보지 않는 방법이고, 또 보이지 않는 것 앞에서 소리치는 방법이다. 공포는 중화되었고, 또 몇 배로 된다. 왜냐하면 이때 공포는 고함으로부터 귀납한 것이지 그 반대는 아니기 때문이다. 분명 공포나 일차적인 구상을 포기하기는 쉽지 않다. 때로는 자기 자신의 본능을 거역해야만 하고, 자신의 경험을 포기하기도 해야 한다. 베이컨은 아일랜드의 폭력, 나치의 폭력, 전쟁의 폭력을 경험하였다. 그는 십자가형의 공포, 십자가에서 사지가 찢기는 공포, 머리-고기가 되는 공포, 혹은 피가 뚝뚝 흐르는 가방의 공포를 겪는다. 하지만 그가 자신의 그림을 생각할 때는 이처럼 너무 '감각적인' 모든 것으로부터 등을 돌린다. 그 이유는 거기에 남아 있는 구상이 비록 이차적이기는 하더라도 공포적인 장면을 재구성하고, 그래서 스토리를 다시 도입하기 때문이다. 투우 경기조차도 너무 극적이다. 공포가 있게 되자마자 스토리가 재도입되고, 그러면 고함을 망쳐 버린다. 결국 극대의 폭력은 어떠한 고문이나 만행도 겪지 않았고, 눈에 띄는 어떠한 것도 일어나지 않은, 앉거나 웅크린 형상들 속에 있을 것이다. 이 형상들은 그런 만큼 더더욱 회화의 힘을 결행한다. 그것은 폭력이 두 개의 전혀 상이한 의미를 갖기 때문이다. "우리가 회화의 폭력에 대해 말할 때, 그것은 전쟁의 폭력과는 아무 상관이 없습니다."[10] (감각적인 것이나 판에 박힌 것과 같은) 재현된 폭력 대신에 감각의 폭력을 내세운다. 감각의 폭력은 그것이 신경 시스템 위에 가한 직접적 행위와 하나일 따름이고, 그것이 지나간 층리들과 하나일 따름이며, 그것이 통과한 지역들과 하나이다. 형상 자체도 구현된 대상의 성격으로부터 빌린 것은 아무것도 없다. 이것은 아르토에게서와 같다. 잔인성은 사람들이 믿고 있는 그런 것이 아니며, 재현된 것과는 거의 관련이 없다.

두 번째의 해석도 받아들여질 수 없다. 이것은 감각의 층리들을, 다시 말해 감각의 원자가들을 반대 감정 양립과 혼동하는 것이다. 실베스터가 한번은 다음과 같이 물었다. "당신이 하나의 이미지에 여러 층의 감각들을 표현한다고 하니까…… 그 말은 우선 한순간에 어떤 사람에 대한 사랑과 동시에 그에 대한 적대감을 표현한다는 말이지요? 그에 대한 애무와 동시에 공격을 표현한다는 것이지요?" 거기에 대해 베이컨은 다음과 같이 대답한다. "그건 너무 논리적인데요. 나는 그렇게는 생각지 않습니다. 내 생각에는 이건 훨씬 깊은 문제입니다. 이 문제란 이 이미지를 즉

---

10) *E.* II, pp. 29~32. 그리고 I, pp. 85~94. "나는 무시무시하게 되려고 시도한 적이 없다."

각적으로 사실적인 것으로 만들기 위해 내가 어떻게 느끼느냐 하는 것입니다. 그게 전부입니다."[11] 사실 정신분석학적 가정인 반대 감정 양립은 감각을 그림을 바라보는 관객 편으로만 국한하는 단점을 가지고 있다. 그리고 비록 우리가 형상 내의 반대 감정 양립을 가정한다 하여도, 이것은 형상이 재현된 것들과 서술된 이야기에 대해 겪는 감정들에 관한 문제이다. 결국 베이컨에게 있어서 감정은 없다. 오직 감각의 상태만이 있을 따름이다. 다시 말해 자연주의의 공식대로 '감각들'과 '본능들'밖에는 없다. 그리고 감각은 어느 순간에 본능을 결정짓는 것이고, 마찬가지로 본능도 한 감각에서 다른 감각에 이르는 통로, 즉 '더 좋은' 감각을 찾기이다.(더 좋은 감각이라는 것은 더 유쾌한 감각이라는 말이 아니라, 살이 추락하는 순간에, 살이 수축하거나 이완하는 순간에 그것을 채우는 감각이라는 말이다.)

더 재미있는 세 번째 가정이 있을 수 있다. 이것은 동적인 가정일 것이다. 감각의 층들은 움직임의 순간들 혹은 움직임이 순간적으로 정지된 것과 같은 것이기 때문에 그 연속으로 보면 종합적으로 그 한 움직임을 재구성할 것이다. 종합적 큐비즘이나 미래파 혹은 뒤샹의 「계단을 내려오는 벌거벗은 남자」가 그렇게 되어 있다. 베이컨이 마이브리지의 운동의 해체에 매혹되어 그것을 소재로 사용한 것은 사실이다. 또 루시안 프로이트를 향해 몸을 돌리는 조지 다이어의 180도로 회전한 머리처럼 베이컨 스스로도 아주 강도 높은 격렬한 움직임들을 만든 것도 사실이다. 하지만 가장 일반적으로 베이컨의 형상들은 「아이를 안고 가는 남자」나 반 고흐에게서처럼 흔히 이상한 산책 중에 생생히 포착된다. 형상을 격

[65]

[66, 67, 68, 2]

[69]

---

11) E. I, p. 85. 베이컨은 다른 경우에 "교황, 그는 아버지다."라고 말한 정신분석학적 가정과 실베스터에 대해 반발하는 것처럼 보인다. 그는 점잖게 대답한다. "나는 당신이 말하는 것을 이해하지 못하겠습니다……."(II, p. 12) 베이컨의 그림에 대한 훨씬 더 정교한 정신분석학적 분석을 위해서는 디디에 앙지외(didier Anzieu)의 『작품의 신체(*Le corps de l'œuvre*)』 Gallimard, pp. 333~340을 볼 것.

[5] 리시키는 것, 동그라미, 평행육면체 등도 그 자체가 운동원이 된다. 즉 베이컨은 실제로 움직이는 조각이라면 회화보다 더 쉽게 실현할 수 있을 그런 시도를 포기하지 않는다. 형상이 일상의 '작은 순회'를 할 수 있으려면 윤곽 혹은 초석이 골격을 따라 이동할 수 있어야 할 것이다.[12] 하지만 바로 이 '작은 순회'의 성격이 베이컨에게 있어서 움직임의 위상을 우리에게 알려 줄 수 있다. 베케트와 베이컨이 이만큼 더 가까운 적도 없었다. 이것은 바로 베케트 인물들의 산책과 똑같은 작은 순회이다. 베케트의 인물들 역시 그들의 동그라미나 평행육면체를 떠나지 않고 요동치면서 자리를 옮긴다. 이것이 바로 불구인 어린아이와 그의 어머니가 묘한 불구 경주 중에 난간에 걸쳐서 하고 있는 산책이다. 이것은 또 「도는 형상」에서의 빠른 회전이다. 또 조지 다이어가 자전거를 타고 하는 산책은 모리즈의 주인공이 하는 산책과 비슷하다. "시야는 주변에 보이는 작은 땅조각으로 제한되어 있었다. ……그가 마지막까지 달렸을 때 그의 눈에는 모든 사물들의 끝이 그러한 뾰족한 점으로 이르는 것처럼 보였다……." 그래서 비록 윤곽이 이동한다 하여도 움직임은 이 윤곽의 이동으로 이루어지는 것이 아니라 형상이 윤곽 안에서 자신을 맡기고 있는 아메바적인 탐사로 이루어진다. 움직임이 감각을 설명하는 것이 아니라 반대로 움직임이 감각의 탄력성에 의하여 설명된다. 베케트나 카프카의 공식에 따르면 움직임 너머에는 부동이 있다. 서 있는 자 너머에는 앉아 있는 자가 있고, 앉아 있는 자 너머에는 누워 있는 자가 있고, 마침내는 사라진다. 진정한 곡예는 동그라미 속에서 하는 부동의 곡예이다. 형상들의 굵은 발은 걷기에 불편하다. 그들은 거의 안짱다리들이다.(때때로 안락의자는 안짱다리를 위한 신발 같다.) 한마디로 움직임이 감각의 층들을 설명하는 것이 아니라, 감각의 층들이 아직 남아 있는 움직임을 설명한다.

---

12) E. II, pp. 34, 83.

그리고 사실 베이컨의 관심을 끄는 것은 엄밀히 말해 움직임이 아니다. 비록 그의 회화가 움직임을 아주 강도 있고 격렬하게 처리해도 상관없다. 결국은 제자리에서 하는 움직임인 경련이 베이컨 특유의 어떤 문제에 대해서 말하고 있는 것이다. 그 문제는 보이지 않는 힘이 신체에 가하는 작용이다.(그로부터 훨씬 깊은 원인으로 인한 신체의 변형이 온다.) 1973년의 「삼면화」에서 중앙의 전이적인 움직임은 양쪽의 두 경련 사이에, 제자리에서 하는 두 수축 운동 사이에 있다. [30]

그렇다면 더욱 '현상학적인' 다른 가정이 있을 수 있다. 감각의 층리들은 다른 감각 기관들로 돌아갈 수 있는 진짜 감각적인 영역들이라는 것이다. 또한 각 층리와 각 영역은 재현된 대상과는 독립해서 다른 것으로 돌아가는 방식을 가질 것이다. 하나의 색, 맛, 촉각, 냄새, 소리, 무게 사이에는 감각의 (재현적이 아닌) '신경흥분적인' 순간을 구성할 존재론적인 소통이 있을 것이다. 예를 들어 베이컨에게 있어서 투우를 그린 그림 속에서 사람들은 동물의 발굽 소리를 듣고, 1976년의 「삼면화」에서는 머리로 꽂히는 새의 떨림을 접촉하며, 또 고기가 재현될 때에는 수틴에게서처럼 고기를 만지고 그 냄새를 맡으며 고기의 무게를 다는 것이다. 그 [73] 리고 이자벨 로스톤의 초상화에서는 머리 하나가 솟아나는데, 이 머리에 타원형과 선들이 더해짐으로써 모든 기관의 동시 운동 속에서 눈은 크게 뜨이고 콧구멍이 벌름거리며 입이 쭉 늘어난다. 따라서 화가는 감각들의 [74] 일종의 원초적 통일성을 보게 하여 주고 복수 감각을 가진 형상을 시각적으로 나타나게 해 주어야 한다. 하지만 이러한 작업은 한 영역에 속하는 감각이(여기서는 시각적 감각) 모든 감각 영역에 걸쳐 있고 그들을 모두 다 통과하는 어떤 생생한 힘 위에서 직접 포착되었을 때에만 가능하다. 이 힘은 시각이나 청각 등보다 훨씬 깊은 것으로서 리듬이라고 한다. 리듬은 그것을 청각적 층리에 투여하면 음악처럼, 시각적 층리에 투여하면 회화처럼 나타난다. 합리적이거나 두뇌적이 아닌, 세잔이 말했던 '감각의 논리'이다. 따라서 궁극적인 것은 바로 리듬과 감각 사이의 관계이고, 그 관계에 따라 각각의 감각 속에는 그 감각이 통과하는 층리들과 영역들이 만들어진다. 이 리듬이 어떤 음악을 주파하듯이 어떤 그림을 주파한다. 그것은 바로 수축-팽창이다. 세상은 내 위에 닫히면서 나를 사로잡고, 나는 세상을 향해 열리고 또 세상을 열어젖힌다.[13] 사람들은 바로 세잔이 시각적 감각 속에 살아 있는 리듬을 놓았던 사람이라고 한다. 아플라가 형상 위에서 자신을 다시 가두고, 또 형상이 수축되거나 반대로 늘어나서 아플라에 합쳐지고 또 거기서 녹아 버린다. 바로 이같은 움직임의 공존 현상을 두고 베이컨에 대해서도 같은 말을 해야 할까? 베이컨의 인위적이고 닫힌 세계가 세잔의 자연과 똑같은 생생한 움직임을 증언한다고 할 수 있을까? 베이컨이 자신은 두뇌적으로는 비관주의자이지만 신경적으로는 낙관주의라고 선언할 때, 다시 말해 생명만을 믿는 낙관주의자라고 선언할 때, 이것은 말로만 그러한 것은 아니다.[14] 세잔과 똑같은 '기질'인가? 베이컨의 공식은 구상적으로는 비관주의자이지만 형상적으로는 낙관주의자이다.

---

13) 앙리 말디네, 앞의 책, pp. 147~172. 감각과 리듬, 심장의 팽창과 수축에 관한 글을 읽어 볼 것. (그리고 이 점을 가지고 세잔에 대한 글을 보기 바람.)
14) E. II, p. 26.

7 히스테리

 이러한 배경, 즉 감각들의 이러한 리듬적인 통일성은 유기적 조직을 뛰어넘어야만 발견될 수 있다. 현상학적인 가정은 단지 체험된 신체만을 환기하기 때문에 아마도 불충분할 것이다. 하지만 더욱 깊고 거의 사라질 수조차 없는 어떤 힘에 비하면 체험된 신체란 더더욱 아무것도 아니다. 사실 우리는 리듬 자체가 혼돈과 암흑 속에 잠기는 바로 그곳에서만 리듬의 통일성을 찾을 수 있다. 그리고 층리적 차이들이 항구적으로 격렬히 휘저어지는 바로 그곳에서만 리듬의 통일성을 찾을 수 있다.
 체험된 신체의 한계인 유기체 너머에는 아르토가 발견하였고 또 그가 기관이 없는 신체라고 명명한 것이 있다. "신체는 물질 덩어리이다. 그는 혼자이며 기관들을 필요로 하지 않는다. 신체는 결코 유기체가 아니다. 유기체들이란 신체의 적이다."[1] 기관 없는 신체는 기관에 반대한다기보다는 우리가 유기체라고 부르는 기관들의 유기적 구성에 더 반대한다. 이 신체는 강도 높고 강렬한 신체이다. 이 신체는 어떤 파장에 의해 통과되었으며, 이 파장은 그의 폭의 변화에 따라 신체 속에다 층리들 혹은 경

---

1) Artaud, 『84』, N° 5-6, 1948.

계를 새긴다. 따라서 이러한 신체는 기관을 가진 것이 아니라 경계 혹은 층리들을 가진다. 따라서 감각은 질적으로 규정되지도 않고 질적인 것도 아니다. 감각이란 어떤 강렬한 사실성만을 가지고 있는데, 이 사실성은 더 이상 그 속에서 재현적인 여건들을 결정하는 것이 아니라 동소적인 변화들을 결정한다. 감각은 진동이다. 우리는 알이 바로 유기적으로 되기 이전에 이러한 상태에 있는 신체를 제시함을 안다. 알은 축들과 힘의 전달, 밀도의 점진적인 단계, 영역적 분할, 역학적인 움직임, 역동적인 경향들을 제시하는데, 여기에 비하면 형태들이란 우발적이거나 보조적일 따름이다. "입도 없고, 혀도 없으며, 이도 없다. 후두도 식도도 없으며 위도 없다. 배나 항문도 없다." 유기적이지 않은 생명 전체일 따름이다. 유기체란 생명이 아니라 생명을 가두고 있는 것이다. 신체는 전적으로 살아 있지만 유기적이지 않다. 따라서 감각이 유기체를 통해 신체를 접하면, 감각은 과도하고 발작적인 모습을 띤다. 감각은 유기적 활동의 경계들을 잘라 버린다. 감각은 살 한가운데에서 신경의 파장이나 생생한 흥분 위에 직접 실린다. 베이컨은 여러 면에서 아르토와 유사하다. 우선 형상을 들 수 있는데, 형상은 엄밀히 말해 기관 없는 신체이다.(신체를 위해 유기체를 해체하고, 머리를 위해 얼굴을 해체한다.) 다음, 기관 없는 신체는 살과 신경이다. 이어서 파장이 신체를 통과하여 거기에 여러 층리들을 새긴다. 그리고 감각이란 신체 위에 작용하는 힘들과 파장과의 만남으로서, '감각적인 체조'이고 외침-숨결이다. 이렇게 유기체가 아니라 신체에 의거할 때, 감각은 재현적인 것이 아니라 사실적인 것이 된다. 마지막으로 잔인성은 어떤 무서운 것의 재현과 연결되는 것이 아니라 단지 신체 위에 작용하는 힘들의 행위 혹은 감각일 것이다. 이때 감각이란 감각적인 것과는 반대이다. 즉 기관들의 말초적인 것들을 그리는 사실주의적 화가와는 반대로 베이컨은 끊임없이 기관 없는 신체와 신체의 강렬한 사실을 그린다. 베이컨에게 있어서 지우거나 솔로 문지른 부분들은 중화된 유기체적 부분들로서, 영역 혹은 층리의 상태로 되돌아간 부분들이다. "사람의 얼굴은 아직 자기의 낯을 갖추지 못했다……."

보링거는 고딕 예술 혹은 '북구적인 고딕 선'을 기관적이지 않은 강력한 생명이라고 규정한다.[2] 이것은 원칙적으로 고전주의 예술의 유기적인 재현과 대립한다. 고전주의 예술은 그것이 어떤 재현된 대상으로 환원되면 구상적일 수 있고, 재현의 기하학적인 형을 추출할 때는 추상적일 수 있다. 그렇지만 고딕의 회화적인 선과 그의 기하학 그리고 형상은 전혀 다른 것이다. 이 선은 우선 표면적으로는 장식적인 것이다. 그러나 어떠한 형태도 새기지 않는 물질적인 장식이다. 그래서 이 기하학은 본질적인 것과 영원한 것에 종속된 기하학이 아니라, '문제들'이나 '우발적 사건들'에 종속된 기하학이다. 이러한 우발 사건들이란 자르기, 덧붙이기, 투사하기, 교차시키기 등이다. 그래서 이 선은 쉴 새 없이 방향을 바꾸고, 끊어지며 깨어지고, 비틀리고 자기 자신 속으로 되돌아오기도 하며, 감기거나 그의 자연적 한계 너머까지 연장되기도 하면서 '무질서한 발작' 속에서 사라진다. 재현의 밖이나 아래에서 작용하면서 선을 연장하거나 정지시키는 자유로운 표시들이다. 따라서 이것은 하나의 기하학 혹은 생명적이고 깊은 의미를 가진 장식이다. 하지만 더 이상 유기적이 아니라는 조건에서이다. 이 기하학은 기계적인 힘들을 감각적인 직관의 수준으로 밀어올리고, 격렬한 움직임을 통해 작용한다. 그리고 만약 이 기하학이 동물을 만나게 된다면, 이 기하학이 동물적이 된다면, 그것은 어떤 형태를 그리면서가 아니라 반대로 간결함과 유기적이지 않은 정확성 그 자체를 통해서 형태들이 구분되지 않은 영역을 강요하기 때문이다. 이 기하학은 또 아주 높은 기(氣)적 성격을 나타낸다. 왜냐하면 이 기하학을

---

2) Worringer, 『고딕 예술(L'art gothique)』, Gallimard, pp. 61~115.

어떤 기초적인 힘들을 찾아 유기적인 것 밖으로 내몰고 가는 것은 바로 이 기적 의지이기 때문이다. 단지 이 기적인 성격은 신체가 가진 성격이다. 기란 바로 신체 자신이고 기관이 없는 신체이다……. (베이컨의 첫 형상은 고딕 장식가의 형상일 것이다.)

인생에서 기관 없는 신체로 접근하는 데는 모호한 여러 방법들이 있다.(술, 마약, 정신분열, 사도-마조히즘 등) 하지만 이러한 신체의 살아 있는 현실을 '히스테리'라고 부를 수 있을까? 부를 수 있다면 어떤 의미에서 가능할까? 다양한 파장의 파동이 기관 없는 신체를 주파한다. 이 파동은 그 파장의 변화에 따라 신체에 영역과 층리를 새긴다. 한 층리에서 이 파동과 외적 힘이 만나면 감각이 발생한다. 따라서 하나의 기관은 이러한 만남에 의해 결정될 것인데, 잠정적인 기관에 불과할 것이다. 이 기관이 지속되는 것은 파동의 통과와 힘의 작용이 지속될 때뿐이고, 또 이 기관은 다른 곳에서 자리 잡기 위해 이동할 것이기 때문이다. "기관들은 그것이 그들의 위치건 기능이건 간에 모든 항구성을 상실한다…… 성적 기관들은 거의 도처에서 나타난다…… 항문은 분출하고, 배설하기 위해 열리며 또 닫힌다…… 유기체 전체가 그 조직과 색을 바꾼다. 이것은 10분의 1초만에 일어난 동소체적인 변화들이다……."[3] 사실 기관 없는 신체란 기관이 없는 것이 아니라 단지 유기적 조직이 없다는 것이다. 즉 기관들의 구성이 없다. 따라서 기관 없는 신체는 결정되지 않은 기관에 의해 정의되는 반면, 유기체는 결정된 기관들에 의해 정의된다. "고장나기 쉬운 입이나 항문을 가지기보다는, 왜 사람들이 먹고 배설하는 기능을 다 가지고 있는 복수 기능적인 구멍 하나만을 가지지 않을까? 입과 코를 막아 버리고, 위를 채워 없애 버린 후에, 허파에 직접 통풍 구멍을 뚫을 수도 있을

---

3) Burroughs, 『벌거벗은 향연(Le festin nu)』, Gallimard, p. 21.

것이다. 애당초 그래야 했다."[4] 하지만 이것이 여러 기능을 가진 구멍이나 결정되지 않은 기관에 관계된다고 말할 수 있을까? 이것도 결국 이 기관에서 저 기관으로 가는 시간적 필요나 통과의 필요가 있지만 아무튼 아주 뚜렷이 구분된 입이나 항문이 아닐까? 고기에서조차 우리가 그 이빨을 보고 알 수 있듯이 다른 기관과 전혀 혼동할 수 없는 아주 뚜렷한 입이 있지 않는가? 하지만 이해해야 할 것은 바로 파동이 신체를 주파한다는 사실이다. 그래서 파동이 만나게 되는 힘에 따라서 어떤 기관이 어느 층리에서 결정될 것이다. 그리고 만약 다른 층리로 넘어가게 되거나 힘이 변하게 되면 이 기관도 변하게 될 것이다. 한마디로 기관 없는 신체는 기관의 부재에 의하여 정의되는 것이 아니다. 이것은 결정되지 않은 기관의 존재에 의해서뿐만 아니라, 결국은 결정된 기관들이 잠정적 일시적으로 존재한다는 사실에 의해 정의된다. 이것이 그림 속에 시간을 도입하는 방식이다. 그리고 베이컨의 그림 속에는 시간의 거대한 힘이 있고, 시간이 그려진다. 신체나 머리 그리고 등 위에서 일어나는 조직과 색의 변화는 진정으로 10분의 1초 동안에 일어난 순간적인 변화이다. 그로부터 아플라의 색채 처리와는 전혀 다른 신체의 색채 처리가 나온다. 아플라의 단색적 처리와 대비된 신체의 다색 처리가 있을 것이다. 형상 속에 시간을 놓는 것이 베이컨 그림에 있어서의 신체의 힘이다. 사람의 넓은 등은 변화로서 거기에 있다.

[36]

다음으로 우리가 볼 것은 어떤 점에서 모든 감각이 층리의(범주의, 영역의) 차이를 내포하는가 하는 것이고, 또 어떻게 한 층리에서 다른 층리로 넘어가는가 하는 것이다. 현상학적인 통일성도 이것을 알려 주지는 못하였다. 그러나 복수 기능적인 결정되지 않은 기관을 가진 신체와 일시적이고 전이적인 기관을 가진 신체 등 일련의 기관 없는 신체를 관

---

4) 앞의 책, p. 146.

찰해 보면 그것을 알 수 있다. 어느 층리에서는 입이던 것이 다른 층리에서는 항문이 된다. 혹은 같은 층리에서라도 다른 힘의 작용 아래에서는 그렇게 된다. 그러니까 이러한 완벽한 신체 시리즈는 바로 신체의 히스테리 현실이다. 19세기에 정신병리학이나 다른 곳에서 만들어진 '히스테리' 그림을 보면 베이컨 그림의 신체를 활력 있게 만드는 여러 특징들을 발견할 것이다. 우선 신경 파동이 통과함에 따라서, 신경 파동이 투여되거나 빠져나가는 영역에 따라서, 서로 연결되거나 교대로 나타나는 그 유명한 근육위축, 마비, 과민반응, 감각상실 등이 고정되기도 하고 이동하기도 한다. 다음에는 앞장서거나 뒤처진 파동의 진동에 따라서 초동적인 과민 현상이나 후유증이 따른다. 다음으로 행사되는 힘에 따른 기관적 결정의 전이적 특성이 있다. 그리고 또 이 힘들은 신경 시스템에 직접 행사되는데, 이것은 마치 히스테리가 깨어 있는 상태에서 일어난 몽유병, '잠들지 않은 몽유병'인 것과도 같다. 마지막으로 신체 내부에서 일어난 매우 특이한 감정을 들 수 있다. 왜냐하면 신체는 엄밀히 말하자면 표면적인 유기체 밑에서 느껴지기 때문에, 전이적인 기관들도 엄밀히 말해 고정된 기관들의 구성 밑에서 느껴진다. 더 나아가 이러한 기관 없는 신체와 전이적인 기관들은 그 자체가 내적으로 혹은 외적으로 '자기 모습을 보는 착각' 현상 속에서 보일 것이다. 즉 이건 더 이상 나의 머리가 아니고, 나는 나를 어떤 머릿속에서 느끼고, 나는 나를 어떤 머릿속에서 본다. 혹은 나는 나를 거울 속에서 보는 것이 아니라, 나는 내가 보고 있는 신체 속에서 나를 느끼고, 나는 내가 옷을 입고 있는데도 이 벗은 신체 속에서 나를 본다······.[5] 세상에 이러한 단계의 히스테리를 포함하지 않은 정신병이 있을까? "정신 속에서 모든 것의 한가

---

[5] 히스테리에 대한 19세기의 어떤 논문에 의거해도 될 것이다. 하지만 특히 폴 솔리에르의 『자기 모습을 보는 착각 현상 (Les phénomènes d'autoscopie)』(Alcan, 1903)을 볼 것.(이 책에서 "잠들지 않은 상태에서의 몽유병"이라는 용어가 만들어졌다.)

운데서 완전히 오른편에 있고, 이해할 수도 없는 일종의 단계……."⁶⁾

　베케트의 인물들과 베이컨의 형상들 사이의 공통적인 그림은 하나의 동일한 아일랜드를 만든다. 이것은 바로 동그라미, 격리시키는 것, 절멸자이다. 동그라미 속에서 일련의 수축과 마비가 있다. 깨어 있는 상태에서의 몽유병 환자가 하는 산책이 있고, 느끼고 보며 또 말하는 증인이 있다. 신체가 유기체를 빠져나가는 방식도 같다. 신체는 0으로 열린 입을 통하여, 항문, 배, 목구멍, 세면대의 동그라미나 우산의 끝을 통하여 빠져나간다. 유기체 아래에 있는 기관 없는 신체도 마찬가지고, 유기적 재현 아래에 있는 전이적인 기관들의 존재도 마찬가지다. 베이컨의 형상은 옷을 입고 있으면서 거울이나 화폭 속에서 벌거벗은 자신을 본다. 수축과 이상 과민은 흔히 지워지거나 헝겊 자국을 낸 지역에 의하여 나타나고, 감각 마비와 마취는 결핍된 지역에 의하여 표시된다.(1972년의 아주 세밀한 삼면화를 보라.) 특히 베이컨의 모든 '방식'은 예비적인 단계와 끝이 난 후유증의 단계를 통과함을 보게 될 것이다. 그림이 시작하기 전에 일어난 것과 그림 후에 일어난 것이 있는데, 후자는 매번 구상적인 작업을 단절시키고, 그 흐름을 차단하며, 또 그렇지만 되돌려주는 후발 현상이 될 것이다. [75] [76] [77]

　현재함, 현재함, 이것이 베이컨의 그림 앞에서 나오는 첫마디이다.⁷⁾ 이 현재함이 히스테리적인 것인가? 히스테리적인 것, 이것은 자신의 현재함을 강요하는 것이고, 또 히스테리적인 것에게는 다른 사물들과 존

---

6) 아르토, 『신경 체중계』.
7) 루도빅 장비에르가 『자기 자신에 의한 베케트(Beckett par lui-même)』(Seuil)에서 베케트의 주요 개념에 관한 어휘집을 만들 생각을 하였다. 이것들은 수술실적인 개념들이다. 특히 '신체', '공간-시간', '부동성', '증인', '머리', '목소리'에 관한 논문들을 참조할 것. 이 논문들 모두가 베이컨과 베케트를 접근시킨다. 사실 이 두 사람은 서로를 알기에는 너무나 가까웠다. 베케트가 반 벨트의 회화에 관해 쓴 텍스트를 볼 것. 여기의 많은 것들이 베이컨에게도 들어맞을 것이다. 특히 회화의 어떤 한계로서 구상적이고 서술적인 관계들의 부재 문제가 다루어진다.

7 히스테리　63

재들이 현재하고 또 너무나 현재한다. 히스테리적인 것은 모든 것에 이 과도한 현재함을 주고 전달한다. 따라서 히스테리적인 것, 히스테리화한 것, 히스테리화시키는 것 사이에는 차이가 없다. 베이컨은 아주 재미있게 말하길, 그가 1953년의 초상화와 사람 머리 그리고 1955년의 교황에게서 히스테리컬한 미소를 그릴 때, '아주 신경질적이며 히스테리컬한 모델'을 보고 그렸다고 한다. 하지만 히스테리화한 것은 그림 전체이다.[8] 하지만 베이컨이 그림을 그리기 전에 스스로가 완전히 이미지 속에 몰두하고, 자기 머리 전부를 카메라에 내맡기거나 혹은 차라리 카메라에 속하고 카메라 속으로 통과해 들어간 머릿속에서 자신을 보게 될 때는 베이컨 자신이 바로 히스테리화시키는 자이다. 그러면 히스테리컬한 미소는 무엇이며, 어디에 이 미소의 추잡함과 더러움이 있는가? 현재함 혹은 악착같음 속에 있다. 끝이 나지 않는 현재함. 얼굴 너머와 밑에 있는 미소의 악착스러움. 입 뒤에까지 남아 있는 외침의 악착같음. 유기체 이후까지 남아 있는 신체의 악착성. 성격이 규정된 기관들의 후에까지도 남아 있는 전이적 기관들의 악착성. 그리고 과도한 현재함 속에서 이미 거기 있음과 언제나 뒤늦게 도착함의 동일성. 도처에서 현재함이 신경 시스템 위에서 직접 작용하고, 재현이 자리를 잡거나 재현을 하도록 할 만한 거리를 불가능하게 만든다. 이것이 바로 사르트르가 플로베르의 히스테리를 말하거나 스스로에게 히스테리컬하다고 할 때 의미하려 했던 것이다.[9]

이것은 어떤 히스테리 문제인가? 베이컨 자신의 히스테리인가 혹은 모든 화가의 히스테리인가? 회화 그 자체의 히스테리인가 혹은 일반적인 회화의 히스테리인가? 미학적 임상진단을 내리는 데는 많은 위험이

---

8) E. I. p. 95.
9) (『구토』에서 나무 뿌리와 같은) 존재함의 과도나 (『존재와 무』에서 '수챗구멍'을 통해서처럼) 신체와 세상으로부터 도피하는 사르트르적인 테마들은 히스테리컬한 그림에 참여한다.

따른다는 것이 사실이다.(물론 이것이 정신분석학이 아니라는 장점은 있다.) 그리고 왜 이 히스테리 문제를 회화에 대해서만 말하는가? 사실 수많은 작가들이나 음악가들에게서도 유사한 경우(슈만과 손가락 경련, 청력)를 들 수 있지 않은가? 우리가 말하고자 하는 것은 회화와 히스테리 사이에는 특수한 관계가 있다고 하는 것이다. 이 문제는 아주 간단하다. 회화는 재현 아래서 재현을 넘어 직접 현재함을 추출하기를 제안한다. 색의 시스템 그 자체도 신경 시스템 위에 직접 작용하는 행위 시스템이다. 이것은 화가의 히스테리가 아니고 회화의 히스테리이다. 회화와 함께 히스테리는 예술이 된다. 혹은 차라리 화가와 함께 히스테리는 회화가 된다. 히스테리컬한 것이 그렇게도 할 수 없었던 것인 약간의 예술을 회화는 한다. 또한 화가에 대해 말할 때도 그는 부정의 신학에서 나쁜 것을 의미하는 것으로서 히스테리컬하지 않다고 말해야 한다. 더러움은 화려함이 되고 생의 공포는 순식간에 아주 순수하고 아주 밀도 높아진다. "생은 무시무시하다."고 세잔은 말했다. 하지만 이러한 외침 속에서 이미 선과 색의 모든 환희가 일어났다. 회화는 두뇌의 회의주의를 신경의 낙관주의로 전환한다. 회화는 히스테리이다. 혹은 히스테리를 전환한다. 그 까닭은 회화는 현재함을 직접 보도록 해 주기 때문이다. 회화는 선과 색을 눈을 통해 투여한다. 그러나 회화는 눈을 고정된 기관처럼 취급하지는 않는다. 회화는 선과 색을 재현으로부터 해방시키면서 동시에 눈을 그 유기체적 종속으로부터 해방시키고, 고정되고 규정된 기관의 성격으로부터 해방시킨다. 눈은 잠재적으로 여러 기능을 가진 결정되지 않은 기관이 되고 기관 없는 신체인 순수한 현재함으로서의 형상을 본다. 회화는 눈을 우리의 어디에나 놓는다. 귓속에, 뱃속에, 허파 속에 아무데나 놓는다.(그림은 숨쉰다…….) 이것이 바로 회화의 이중적인 정의이다. 주관적인 의미에서 회화는 복수 기능적이고 전환적인 기관이 되기 위해 유기적이기를 그만둔 우리의 눈을 투여한다. 객관적인 의미에서 회화는 우리 앞에 신체의 현실을 세우고, 유기체적 재현으로부터 해방된 선과 색을 세운다. 각각의 정의는 다른 것에 의해 서로서로 만들어진다. 신체의 순수한 현재함이 보일 것이고 그와 동시에 눈은 이러한 현재함에 걸맞은 기관이 될 것이다.

이러한 근본적인 히스테리를 추방하기 위해 회화는 두 가지 방법을 사용한다. 하나는 유기적 재현의 구상적 요소들을 유지하는 것이다. 그렇게 하기 어려울 때에는 이 요소들을 아주 교묘히 조작하거나, 혹은 이 요소들 밑에서나 이 요소들 사이에서 해체된 신체들과 해방된 현재함이 통과하도록 하였다. 이것은 이른바 고전적인 예술의 방법이다. 두 번째 방식은 추상적인 형을 향해 돌아서서 고유하게 회화적인 두뇌성을 발명하는 것이다.(회화를 '잠에서 깨운다'는 것은 이러한 의미이다.) 모든 고전적인 화가들 가운데 아마도 벨라스케스가 가장 현명하였을 것이다. 그는 재현의 요소들을 굳건히 유지하고 기록적인 역할을 충분히 수행하면서도 그 놀랄 만한 대범함을 나타냈다…….[10] 베이컨은 스승처럼 생각하는 벨라스케스와 비교하여 무엇을 하였는가? 왜 그는 인노첸시오 10세의 초상화를 다시 그리려고 생각했을 때 의심과 불만을 토로했을까? 어떤 의미에서 베이컨은 벨라스케스의 모든 요소들을 히스테리화하였다. [78] 단순히 벨라스케스의 인노첸시오 10세와 이것을 고함치는 교황으로 변[54] 화시킨 베이컨의 인노첸시오 10세만을 비교해서는 안 된다. 벨라스케스의 그림 전체와 베이컨의 그림 전체를 비교하여야 한다. 벨라스케스에게서 안락의자는 벌써 베이컨의 평행육면체 감옥을 그리고 있다. 뒤의 둔중한 장막은 이미 앞으로 나오려고 하며 외투는 고깃덩어리의 모습을 띠고 있다. 글자를 읽을 수는 없지만 간결한 양피지 하나가 손에 들려 있고, 교황의 주의 깊게 고착된 눈은 이미 보이지 않는 무언가가 일어서고

---

10) *E*. I, pp. 62~63.

있음을 보고 있다. 하지만 이 모든 것은 이상하리만큼 억제되어 있다. 이러한 것들은 곧 그렇게 되려는 것 같다. 하지만 베이컨의 신문들이나 거의 동물 같은 안락의자들, 형상 앞으로 나오는 장막이나 생생한 고기, 외치고 있는 입 등이 가진 불가피하고 억제할 수 없는 현재함은 아직 획득하지 못했다. '나는 꼭 이러한 현재함을 격렬히 풀어 해방시켜야만 하였던가,' 베이컨은 자문한다. 벨라스케스에게서가 훨씬 더 좋지 않았을까? 추상적 방식과 구상적 방식을 동시에 거부하면서 회화와 히스테리의 관계를 명백히 드러내야만 했을까? 우리의 눈이 두 폭의 인노첸시오 10세에 의해 매혹되어 있는 동안에 베이컨은 이렇게 자문하고 있다.[11]

하지만 마지막으로 왜 이 모든 것이 회화에 특이한 것인가? 모든 정신병리학과 정신분석학으로부터 독립하여 순수하게 미학적 임상학의 이름으로, 회화에 있어서의 히스테리적인 본질에 대하여 말할 수 있을까? 음악도 음향적인 신체에 대해 복수 기능적 기관이 된 귀의 기능에 따라 순수한 현재함을 끌어낼 수 있지 않을까? 그리고 왜 시나 희곡은 안 된다는 것인가? 특히 그것이 아르토나 베케트의 시나 희곡일진대? 하지만 이것은 그렇게 어려운 문제가 아니다. 이것은 각 예술의 본질 문제이고 또 경우에 따라서는 그들의 구체적인 적용에 관한 본질 문제이다. 음악이 우리의 신체를 깊숙이 관통하고 우리의 배와 허파 등에 귀를 갖다놓는다는 것은 확실하다. 음악은 파동과 과민한 신경에 정통해 있다. 하지만 음악은 우리의 신체를, 그리고 신체들을, 다른 요소 안으로 이끈다. 음악은 신체들을 그 무기력 상태로부터 빠져나오게 하고, 그 물질적 현재함으로부터 벗어나게 한다. 음악은 신체들을 탈육화한다. 그래서 물론 음악 속에서, 예를 들어 어떤 모티프 속에서 음향적 신체에 대해 그리고 신체

---

11) *E. I*, p. 77.

대 신체에 대해서 말할 수 있긴 하지만, 그것은 프루스트가 말했듯이 비물질적이고 탈육화한 신체 대 신체이기 때문에, 음악 속에서는 '정신에게 저항하고 무반응하는 것 같은 물질적 찌꺼기'가 조금도 남아 있지 않다. 어떻게 보면 음악은 회화가 끝나는 바로 그곳에서부터 시작한다. 바로 이 사실이 사람들이 음악의 우월성에 대해 말할 때 의미하는 것이다. 음악은 신체를 통과해 버리는, 그리고 그들의 견실성을 신체가 아닌 다른 곳에서 발견하는 소실선들 위에 세워진다. 반면에 회화는 상류에, 신체가 분출해 나오는 바로 그곳에 세워진다. 그러나 신체는 분출하면서 스스로를 구성하는 물질성을, 그가 만들어진, 그리고 그렇지 않았더라면 벗겨 내지 못했을 순수한 현재함을 벗겨 낸다. 한마디로 선-색의 시스템 그리고 다기능적인 기관인 눈과 함께 신체의 물질적 현실을 발견하도록 하는 것은 회화이다. '만족할 줄 모르고 발정해 있는 우리의 눈'이라고 고갱이 말하였다. 회화의 모험은 오직 눈만이 물질적 존재와 물질적 현재함을 담당할 수 있다는 것이다. 그것이 사과라 해도 마찬가지다. 음악이 그의 음향 시스템과 다기능적인 기관인 귀를 들먹일 때, 음악은 신체의 물질적 현실이 아닌 다른 곳에 말하는 것이다. 음악은 가장 영적인 실체들에게 탈육화되고 비물질화된 신체를 제공한다. '레퀴엠의 북소리는 날개가 달리고 웅장하고 신성스러워서, 놀란 우리의 귀에는 스탕달의 표현을 빌리면 틀림없이 다른 세계와 관계를 가지고 있는 어떤 자의 영림을 예고한다……'[12] 이러한 이유로 음악은 아직 구체적 치료에 임하는 임상학적인 본질로서 히스테리를 가지고 있지 못하다. 그리고 급속한 정신분열증과는 더욱 대립적이다. 음악을 히스테리화하기 위해서는 거기에 색을 다시 도입하여야 할 것이고, 또 색과 소리가 서로 상응하는, 초보적인지 혹은 아주 세련된 것인지 모를 어떤 시스템을 통과하여야 할 것이다.

---

12) Marcel Moré, 『신(神) 모차르트와 새들의 세계(*Le dieu Mozart et le monde des oiseaux*)』, Gallimard, p. 47.

8 힘을 그리다

　다른 관점에서 보면 예술들의 분리, 그들의 상대적인 독립성 그리고 그들 사이의 위계적 우월성의 문제에는 아무 중요성도 없다. 왜냐하면 예술들의 공통성이 있고 그들에게 공통된 문제가 있기 때문이다. 음악과 마찬가지로 회화도, 즉 예술에서도 형을 발명하거나 재생산하는 것이 문제가 아니라 힘을 포착하는 것이 문제이다. 바로 그 때문에 그 어느 예술도 구상적이지 않다. "보이는 것을 보여 주는 것이 아니라 보이지 않는 것을 보이도록 한다."는 클레의 유명한 공식이 다른 것을 의미하는 것은 아니다. 회화의 임무는 보이지 않는 힘을 보이도록 하는 시도로 정의될 수 있다. 마찬가지로 음악도 보이지 않는 힘을 들리도록 하기 위해 노력한다. 이것은 명확하다.
　힘은 감각과 밀접한 관계에 있다. 감각이 있기 위해서는 힘이 신체, 즉 파동의 장소 위에서 행사되어야 한다. 하지만 힘이 감각의 조건이라고 해도 실제 느껴지는 것은 힘이 아니다. 감각은 그의 조건인 힘으로부터 출발하여 힘과는 전혀 다른 것을 '주기' 때문이다. 감각은 그가 우리에게 준 것 속에서, 주어지지 않은 힘을 포착하기 위해, 느껴지지 않은 힘을 느끼도록 하기 위해, 자기 자신의 조건인 힘으로까지 상승하기 위해,

어떻게 충분하리만치 자체 위로 돌아갈 수가 있으며, 이완되거나 수축될 수가 있을까? 그렇게 함으로써 음악은 소리 나지 않는 힘을 소리 나도록 해야 하고, 회화는 보이지 않는 힘을 보이도록 해야 한다. 때로 다음과 같은 말은 위와 마찬가지 말이다. 시간은 소리도 나지 않고 보이지도 않는데 어떻게 시간을 그리거나 들리도록 할 수 있을까? 그리고 압력, 무기력, 무게, 인력, 중력, 발화력 등과 같은 기본적인 힘을 어떻게 나타낼까? 때로는 그 반대로 어떤 예술의 감각되지 않은 힘이 다른 예술의 '전제'가 되기도 한다. 예를 들어 소리나 외침을 어떻게 그릴까?(그리고 반대로 어떻게 색을 들리게 할까?)

　화가에게 이것은 아주 의식적인 문제이다. 이미 오래전에 지극히 교조적인 비평가들은 밀레가, 농부들이 미사의 빵과 포도주를 감자 자루처럼 들고 있듯이 그렸다고 비난하였다. 그러자 밀레는 두 대상의 공통적인 무게감이 그들 사이의 구상적인 차이보다 훨씬 깊다고 대답하였다. 화가인 그는 무게감을 그리려고 하였지 봉헌물이나 감자 자루를 그리려고 한 것은 아니다. 회화의 모든 수단들을 다음의 임무에 종속시킨 것이야말로 세잔의 천재성 아니었던가? 즉 회화는 산이 굴곡된 힘이나 사과가 싹트는 힘 혹은 풍경의 열적인 힘 등을 보이도록 해야 한다. 반 고흐 역시 해바라기 씨앗의 놀랄 만한 힘 같은, 알려지지 않은 힘들을 발명하였다. 하지만 수많은 화가들에게서 힘의 포착 문제는, 비록 그 문제가 아무리 의식적이라 해도, 마찬가지로 중요하지만 덜 순수한 다른 문제와 뒤섞였다. 이 다른 문제란 바로 결과들을 분해하고 재조립하는 문제였다. 예를 들어 르네상스 회화에서는 깊이를 해체하고 재조립하며, 인상주의에서는 색채를 분해하고 재조립하고, 큐비즘에서는 움직임을 분해하고 재조립한다. 여기서 우리는 사람들이 어떻게 본래 문제에서 다른 문제로 슬그머니 넘어가는가를 알 수 있다. 예를 들어 움직임이라 하면 하나의 결과인데, 이 결과란 그를 생산한 유일한 힘으로 되돌려지며 동시에 이 힘 아래에서 분해될 수 있고 또 재조립될 수 있는 다양한 요소들로 되돌려진다.

베이컨의 형상들은 회화사에서 나온 다음의 질문에 대한 가장 훌륭한 대답 가운데 하나이다. 보이지 않는 힘을 어떻게 보이게 할 것인가? 이것은 형상들의 제1차적인 기능이다. 이를 위해 베이컨은 힘의 결과라는 문제에 대해서는 상대적으로 무관심했다는 것을 알 수 있을 것이다. 베이컨이 힘의 결과들을 무시해서가 아니라, 회화사 속에서 그가 존경하는 화가들이 이미 이 결과들을 충분히 제압하였다고 생각하기 때문이다. 특히 움직임을 보면, 그들은 움직임을 '표현하였다'.[1] 하지만 그렇다 하더라도, 이것이야말로 바로 베이컨으로 하여금 이 보이지 않는 힘을 보이게 '하도록' 하는 문제에 더욱 직접적으로 도전하게 만드는 이유이다. 그리고 바로 다음이 베이컨의 머리 시리즈와 자화상 시리즈에 해당하는 것이고, 또 바로 다음을 위해서 베이컨은 시리즈를 한 것이다. 이 머리들의 놀랄 만한 동요는 이 시리즈가 재구성하고 있는 것으로 간주되는 움직임으로부터 오는 것이 아니라, 움직이지 않는 머리 위에 행사되는 압력, 팽창력, 수축력, 평탄하게 누르는 힘, 늘어뜨리는 힘으로부터 나온다. 이 힘들은 우주선 속에서 움직이지 않고 있는 초공간적 여행자가 만나는 힘이다. 이것은 마치 보이지 않는 힘이 전혀 예상치 않던 각도에서 머리를 후려치는 것과도 같다. 그러면 여기서 지워지고 쓸린 얼굴 부분들은 새로운 의미를 갖는다. 그 까닭은 이 부분들은 힘이 두드리고 있는 지역을

[79, 80]

[81, 82]

---

1) 존 러셀, 『프란시스 베이컨』, Chêne, p. 123. "뒤샹은 진행을 회화적 주제로 생각하였다. 그래서 사람이 계단을 내려올 때, 그 사람의 신체가 어떤 일관된 구조로 형성되는 방식에 관심을 가졌다. 비록 이 구조가 어떤 결정된 순간에 밝혀지지 않는다 하여도 상관없었다. 그러나 베이컨의 목적은 연속적인 외양을 보여 주는 것이 아니라, 일상의 삶 속에서는 결코 이루어지지 않을 형태 속에서 이 외양들을 중복시키는 것이다. 「헨리에타 모레에 관한 세 연구」를 예로 들어 보면, 왼쪽에서 오른쪽으로나 혹은 오른쪽에서 왼쪽으로나 수평적 움직임은 없다……."

표시하기 때문이다. 이러한 의미에서 베이컨의 문제는 한 형태를 다른 형태로 전환하는 문제가 아니라, 한 형태를 기형적으로 변형하는 문제이다. 이것들은 두 개의 전혀 다른 범주이다. 형태의 변경은 추상적이거나 역동적일 수 있다. 하지만 기형적 변형은 언제나 신체의 변형이고 정체적이며 제자리에서 이루어진다. 이 변형은 움직임을 힘에 종속시키고 또 추상적인 것을 형상에 종속시킨다. 어떤 힘이 지워진 부분 위에 행사될 때, 이 힘은 어떤 추상적 형태를 탄생하게 하지도 않으며, 나아가 감각적 형태들을 역동적으로 조합하지도 않는다. 반대로 이 힘은 그 힘이 행사되는 지역이 어떤 특수한 형태로 축소되지 않고 여러 형태들에 공통적이어서 명확히 구분할 수 없는 지역이 되게 한다. 그리고 이 힘이 통과하여 만드는 선들은 그들의 명확성 자체에 의하여, 즉 그들의 변형시키는 정확함에 의하여 빠져나간다.(우리는 이것을 형상들의 동물-되기에서 보았다.) 세잔은 아마도 진실을 신체 위로 국한함으로써 형의 변경을 하지 않고서 기형적 변형을 이루어 낸 최초의 화가일 것이다. 이 점에 있어서도 베이컨은 여전히 세잔적이다. 베이컨에게서도 세잔에게서와 마찬가지로 기형적 변형은 움직이지 않는 휴지 중의 형태 위에서 만들어진다. 동시에 모든 물질적 주변인 구조는 형상의 형태가 움직이지 않는 만큼 더 움직이기 시작한다. "벽들은 수축되고 미끄러진다. 의자들은 약간씩 기울거나 혹은 다시 일어난다. 옷들은 불붙은 종이처럼 오그라든다······."[2] 따라서 모든 것은 힘과의 관계 속에 있으며 모든 것이 힘이다. 기형적 변형을 회화적 행위로 만드는 것은 바로 이것이다. 변형은 형의 변경이나 요소들의 분해로서 귀착하지 않는다. 그리고 베이컨의 변형들은 강제되거나 구속되는 일이 드물다. 이것은 누가 뭐라 하든 간에 고문에 의한 것이 아니라 반대로 신체 위에 행사되는 단순한 힘의 기능 안에서 이루어지는 가

---

[2] D. H. 로렌스, 앞의 책, p. 261.

장 자연스러운 신체의 자세들이다. 자고 싶고, 토하고 싶고, 돌아앉고 싶고, 가능한 한 가장 오래도록 앉아 있고 싶은 신체의 자세들 말이다.

이제 외침이라는 특수한 경우를 고려해야 한다. 왜 베이컨은 외침 속 〔54, 55〕
에서 회화의 가장 높은 대상 가운데 하나를 보았을까? '외침을 그린 다…….' 이것은 특이하리만치 강렬한 어떤 소리에 단지 색들을 칠하는 문제가 아니다. 음악도 회화와 동일한 임무 앞에 놓이게 되는데, 그 임무란 물론 외침을 조화롭게 만드는 것이 아니라, 소리적인 외침을 그를 유발한 힘들과의 관계 속에 놓는 것이다. 마찬가지로 회화도 시각적 외침과 소리치는 입을 힘들과의 관계 속에 놓을 것이다. 따라서 외침을 만든 힘들, 즉 입이 지워질 정도로 신체를 경련시킨 힘들은 그를 보고 소리치게 하는 어떤 광경과도 결코 혼동될 수 없으며, 그 동작으로 우리의 고통을 분해하고 재조립하는 지시 가능한 대상들과도 혼동될 수 없다. 우리가 소리친다는 것은 바로 우리가 언제나 모든 광경을 흐릿하게 하고 또 고통이나 감각조차도 넘쳐나는 보이지도 않고 느낄 수도 없는 어떤 힘에 의해 사로잡혀 있다는 것이다. 바로 이것이 베이컨이 '공포보다는 외침을 그린다'에서 말하는 것이다. 베이컨의 이 말은, 다음의 두 가지 가운데 하나를 택해야 한다는 것이다. 나는 무시무시한 것을 구상화하기 때문에 공포를 그리지 외침을 그리지 않는다. 혹은 나는 외침을 그린다. 그리고 나는 시각적인 공포를 그리지 않는다. 나는 점점 더 시각적인 공포를 그리지 않게 될 것이다. 그것은 외침이란 눈에 보이지 않는 힘을 포착하거나 탐지하는 것과 같기 때문이다.[3] 베르그는 마리의 외침 속에서,

---

3) 외침에 대한 베이컨의 선언들을 보기 바람.(E. I, pp. 74~76, 97~98. 이 마지막 텍스트에서 베이컨이 자신의 외침들이 여전히 너무 추상적이라고 한탄하고 있음은 사실이다. 그것은 그가 "누군가를 소리치게 하는 그 무엇을" 그리지 못했다고 생각하기 때문이다. 하지만 그 무엇이란 힘에 관한 문제지 어떤 광경에 관한 문제가 아니다.)

그리고 루루의 전혀 다른 외침 속에서 외침을 가지고 음악을 만들 줄 알았었다. 하지만 이것은 외침의 음향성을 언제나 비음향적인 힘과의 관계 속에 놓음으로써만 가능했다. 즉 땅의 힘은 마리의 수평적 외침 속에 있고, 하늘의 힘은 루루의 수직적 외침 속에 있다. 베이컨도 외침으로 회화를 만들었다. 그가 외침의 시각성을, 즉 그림자의 심연처럼 벌린 입을 미래의 힘들에 불과한 보이지 않는 힘들과의 관계 속에 놓았기 때문이다. 노크를 하는 미래의 악마적인 세력을 탐지한다고 말했던 사람은 바로 카프카이다.[4] 각각의 외침은 강력한 이 힘들을 내포한다. 인노첸시오 10세는 장막 뒤에서 소리친다. 그는 단지 보여질 수 없는 사람일 뿐만 아니라 보지 않는 사람으로서, 더 이상 볼 것이 없는 사람으로서 소리 지른다. 그는 자기로 하여금 소리 지르도록 하는 보이지 않는 것의 힘들을, 즉 미래의 힘들을 보이도록 하기 위한 기능만을 가진 사람으로서 소리 지른다. 사람들은 이것을 다음과 같은 공식으로 표현한다. ~앞에서 혹은 ~에 대해서 소리치는 것이 아니라 '~에게 소리친다'. 외침의 감각할 수 있는 힘과 외치도록 한 것의 감각할 수 없는 힘의 결합을 환기하기 위하여, 예를 들면 죽음에게 소리친다.

이러한 사실들은 매우 이상하지만 그러나 놀랄 만큼 생명력이 있다. 베이컨이 격렬함을 광경의 격렬함과 감각의 격렬함으로 구분할 때, 그리고 또 하나를 위해서는 다른 하나를 포기해야 한다고 말할 때, 그는 생에 대한 일종의 신앙 선언을 하고 있는 것이다. 대담은 바로 이러한 종류의 선언들을 많이 포함하고 있다. 그는 자기 자신에 대해 말하길, 두뇌상으로 비관주의자인 그는 세상에서는 공포밖에는, 세상의 공포밖에는 그릴 것을 보지 못한다고 한다. 하지만 눈에 보이는 구상이란 회화에서는

---

4) 바젠바흐에 의해 인용된 F. Kafka, 『프란츠 카프카』, Mercure, p. 156.

이차적인 것이고 더욱더 중요성이 없어져 가기 때문에, 신경상으로 보면 낙관주의자라고 한다. 베이컨은 마치 공포가 우리를 구상적인 것으로부터 빠져나오게 하는 데 충분하기라도 한 것처럼 지나치게 공포만을 그리는 것을 비난할 것이다. 그는 더욱더 공포 없는 형상을 향해 나아간다. 그러나 과연 어떤 점에서, '공포보다는 차라리 외침을' 선택하고, 광경의 격렬함보다는 감각의 격렬함을 선택해야 하는가? 이것은 생명의 신앙 행위인가? 보이지 않는 힘과 미래의 힘은 이미 거기에 있는가? 그리고 이 힘들은 가장 나쁜 광경과 가장 나쁜 고통보다도 훨씬 더 극복하기 어려운 것인가? 모든 고기가 그것을 증명하듯 어떤 점에서는 그렇다. 하지만 다른 방식으로는 그렇지가 않다. 신체가 어떤 투사나 보이지 않는 것의 힘과 맞부딪힐 때, 이 신체는 그들에게 자기 자신의 가시성 외에는 어떤 것도 주지 않는다. 그리고 이러한 가시성 안에서 신체는 활발히 투쟁하며 승리의 가능성을 확인한다. 우리로부터 힘을 박탈하고 우리를 다른 길로 빠지게 만들었던 어떤 광경 가운데서 이 힘들이 보이지 않은 채로 남아 있는 한, 신체가 승리할 가능성은 없었다. 이제는 마치 전투가 가능하게 된 것 같다. 그림자와 벌이는 전투가 유일하게 사실적인 전투이다. 시각적 감각이 자신의 조건인 보이지 않는 힘과 대적할 때, 이 감각은 이 보이지 않는 힘을 제압하거나 친구로 만들 힘을 얻는다. 생명은 죽음에게 소리친다. 그러나 죽음은 더 이상 우리를 나약하게 만드는, 너무나도 명확히 보이는 것이 아니다. 죽음은 생명이 감지해 내고 찾아내어 소리를 지르며 보이게 만드는, 이 보이지 않는 힘이다. 죽음이 생명의 관점에서 판단되는 것이지, 우리가 쉽게 생각하듯 생명이 죽음의 관점에서 평가되는 것은 아니다.[5] 베케트와 마찬가지로 베이컨 역시 아주 강렬한 생명의 이름으로 강렬한 생명을 위하여 말할 수 있는 작가들에 속한다. 그는 죽음을 '믿는' 화가가 아니다. 구상적으로는 생의 불행한 면을 그린다 하여도 그것은 강한 생명의 형상에 봉사하기 위해서이다. 베이컨, 베케트,

카프카 등에게 다음과 같은 경의를 표해야 한다. 그들이 무서운 것, 절단된 것, 인조 신체, 추락, 파산자 등을 '재현한' 그 순간에 그들은 악착스러움과 현재함을 통해 제압되지 않고 꺾을 수 없는 형상들을 굳건히 세웠다. 그들은 진정 굳건히 웃을 수 있는 새로운 힘을 생명에게 주었다.

[83, 42] 형상들의 외양적 움직임이 형상들 위에 행사되는 보이지 않는 힘들에게 종속되어 있기 때문에 우리는 움직임으로부터 힘에까지 거슬러 올라가서 베이컨이 감지하고 포착한 힘들의 경험적인 목록을 만들 수 있다. 비록 베이컨이 자신을 '분무기'나 '분쇄기'에 비유하지만, 그는 그것을 뛰어넘어 탐지기처럼 행동한다. 보이지 않는 첫 번째 힘은 격리의 힘이다. 이 힘은 아플라 속에 들어 있으며 윤곽 주위에서 둥글게 감싸질 때, 그리고 아플라를 형상 주위에 감돌게 할 때 보인다. 두 번째 힘은 변형의 힘으로 형상의 신체와 머리에 침범하여 머리가 얼굴을 뒤흔들거나 신체가 그 유기적 조직을 뒤흔들 때마다 보인다.(예를 들어 베이컨은 잠자는 동안에 납작하게 하는 힘을 강렬하게 '만들' 줄 알았다.) 세 번째는 형상이 지워져 아플라에 합쳐질 때에 나타나는 흩뜨리는 힘이다. 이 힘을 보이게 하는 것은 바로 이 이상한 미소이다. 아직도 다른 힘들이 많이 있다. 우선 놀랄 만한 에너지로 두 신체를 결합하는 힘이 있다. 그렇다면 신체들로부터 일종의 다변형이나 돌발 흔적을 이끌어내 보이도록 하는 이 결합력에 대해서는 뭐라고 할까? 그리고 또 삼면화에 의해서만 감지되거나 포착될 수 있는 그 신비스러운 힘은 무엇일까? 빛에 고유한 전체를 결합하는

---

5) *E.* II, p. 25. "생명이 당신을 흥분시킨다면 생명의 반대이며 그림자와도 같은 죽음도 당신을 흥분시켜야 합니다. 아마 당신을 흥분시키지는 않을 수 있을 것입니다. 하지만 당신은 당신이 생명에 대해 의식하고 있는 것과 같은 방식으로 죽음에 대해서도 의식하고 있습니다. …… 당신의 근본적인 성격은 전적으로 희망이 없을 것이지만, 당신의 신경 시스템은 낙관주의적인 직물로 짜여 있을 것입니다."(그리고 베이컨이 살고자 하는 '탐욕', 죽음을 건 내기의 거부라고 부르는 것에 대해서는 *E.* II, pp. 104~109를 참조.)

힘이면서 동시에 형상과 판들을 분리하는 힘이기도 하다. 그렇지만 앞서 나온 격리의 힘과는 전혀 다른 빛적인 분리의 힘이다. 이것이 바로 보이게 되고 느껴지게 된 생명이고 시간인가? 시간 혹은 시간의 힘이 보이도록 베이컨은 두 번 하였던 것 같다. 변화시키는 힘으로서 시간은 "10분의 1초 동안에" 신체에 일어난 동소체적인 변화에 의해 나타난다. 이 변화는 기형적 변형의 한 부분이다. 다음으로는 영원한 시간의 힘, 혹은 시간의 영속성인데, 이것은 삼면화들 속에서 군림하는 결합과 분리의 힘, 즉 순수한 빛에 의하여 나타난다. 시간을 그 자체로서 느껴지도록 하는 것은 화가, 음악가 그리고 때로는 작가에게 공통된 임무이다. 이것은 모든 박자나 가락 밖의 임무이다.

9 짝들과 삼면화

감각은 힘들이 행사될 때에 여러 다른 층리들을 통과한다. 하지만 각자의 층리나 영역을 가진 두 감각이 서로 상충하거나 상대적인 각자의 층리들을 서로 소통하게 하는 일도 일어난다. 우리는 더 이상 단순한 진동의 영역에 있는 것이 아니라 공명의 영역 속에 있게 된다. 그러할 경우 두 개의 짝지어진 형상이 있다. 아니 오히려 결정적인 것은 감각들의 짝짓기이다. 두 형상에 대해서 단 하나의 동일한 '사실 관계'가 있다거나 심지어는 두 신체에 대해 짝지어진 단 하나의 형상이라고 말할 것이다.

우리는 제일 처음에 베이컨에게서 다음의 사실을 보았다. 비록 어떤 '스토리'를 다시 도입하거나 서술적인 회화에 다시 떨어질 위험이 있더라도, 화가는 그림 속에 여러 형상들을 함께 놓는 것을 포기할 수 없었다. 따라서 이것은 동시적인 형상들 사이에 삽화적이지도, 서술적이지도, 논리적이지도 않은 관계, 다시 말해 정확히 '사실 관계'라고 부르는 것이 존재할 수 있는가에 관한 문제이다. 이것이 바로 이 경우에 해당하는데, 다른 층리에 있는 감각들을 짝짓는 것은 짝으로 된 형상을 만든다.(그 반대는 아니다.) 그려지는 것은 다름 아닌 감각이다. 이렇게 혼합된 형상들의 미가 있다. 혼합된 형상들은 서로 혼동되지는 않지만, 그들은 신체들에 대

[84] 해 일종의 자율성을 획득한 극도로 엄밀한 선들에 의해 서로 구분할 수가 없게 된다. 마치 어떤 돌발 흔적 속에서 그 돌발 흔적의 선들이 감각들만을 연결하는 것과도 같다.[1] 어떤 스토리 없이도, 두 신체에 공통적인 하나의 형상 혹은 두 형상에 공통적인 하나의 '일'이 있다. 베이컨은
[3, 4] 명확한 작품을 그리던 시기와 마찬가지로 불명확한 작품을 그리던 시기
[85, 17] 인 '말러리슈' 시기에도 여전히 짝지어진 형상들을 그렸다. 그 신체들은 동일한 짝짓기의 힘 아래에서 동일한 형상 속에 으깨져 놓인다. 짝지어진 형상은 격리의 원칙에 위배되기보다는 오히려 격리된 형상들이 특이한 경우가 되게 하는 것 같다. 그 이유는 단 하나의 신체나 하나의 감각에 해당하는 경우에조차도, 이 감각이 통과하는 여러 다른 층리들은 필연적으로 이미 감각의 짝짓기를 이루기 때문이다. 진동은 이미 공명이 된다. 예를 들어 1946년의 우산 아래 남자는, 위로부터 아래로의 감각의 이동(우산 위의 고기)과 아래에서 위로의 감각 이동(우산에 의해 찢어진 머리)에 따르면 단순한 형상이다. 하지만 이것은 또한 떨어지는 무시무시한 미소가 증명하듯 머리와 고기 속에서 감각들이 서로 꽉 엉키는 것
[31] 에 따르면 짝지어진 형상이다. 결국 베이컨에게 있어서는 짝지어진 형상
[37] 들밖에는 없다.(1971년의 「거울 속에 누워 있는 형상」이 아무리 혼자일지라도, 이 형상은 둘과 같다. 이것은 감각들의 진짜 돌발 흔적이다.) 형상이 혼자일지라도 그는 흔히 동물과 짝지어진다.

베이컨에 관한 그의 책의 서두에서 존 러셀은 프루스트와 그의 무의식적 기억 회상을 언급한다.[2] 하지만 (비록 베이컨이 자주 무의식적인 것을

---

1) *E*. II, pp. 70~72. "나는 침대 위에서 어떤 성적인 행위의 형태에 몰두해 있는 두 사람의 감각을 응결시킬 이미지를 만들고자 하였습니다. …… 그리고 만약 당신이 그 형태들을 본다면, 그 형태들은 어떤 의미에서 극도로 비구상적임을 알게 될 것입니다."
2) 존 러셀, 『프랑시스 베이컨』, Chêne, p. 30.

언급해도) 베이컨의 세계와 프루스트의 세계 사이에는 큰 공통점은 없는 것 같다. 그래도 사람들은 러셀이 옳다는 인상을 받는다. 그 이유는 아마 베이컨이 구상회화나 추상회화 둘 다 거부하기에 문학에 있어서 프루스트와 유사한 상황에 놓이기 때문이다. 프루스트는 사실 너무 '지적인' 추상적 문학을 원하지 않았고,(철학처럼) 더욱이 어떤 스토리를 전개하기에 적합한 구상적, 삽화적, 서술적 문학도 원하지 않았다. 그가 집착하였고 탄생하도록 원하였던 것은 구상으로부터 떨어져 나와 아무런 구상적 기능도 없는 일종의 형상이었다. 예를 들어 콩브레의 즉자적 형상과 같은 즉자적 형상을 원하였다. 프루스트 스스로도 "형상들의 도움으로 쓰인 진실들"에 대해서 말하였다. 그리고 만약 프루스트가 많은 경우에 무의식적 기억에 몸을 맡겼다면 그것은 무의식적 기억이 과거를 삽화적으로 밝히거나 서술하는 의식적 기억과는 반대로 이 순수한 형상을 솟아나게 하는 데 성공하였기 때문이다.

그러면 프루스트에 따르면 무의식적 기억은 어떻게 작용하는가? 무의식적 기억은 현재와 과거 어느 것에도 환원할 수 없는 형상이라고 하는 다른 무엇이 솟아나도록 하기 위해 우리 신체 속에서 서로 다른 층리에 존재하고 있으며 두 격투사처럼 서로 부둥켜안고 있는 두 개의 감각, 즉 현재의 감각과 과거의 감각을 결합시킨다. 그래서 결국 두 개의 감각이 현재의 감각과 과거의 감각으로 분할되더라도 아무 중요성이 없다. 그것이 기억의 경우에 해당한다 하여도 상관없다. 감각들의 짝짓기나 얽힘이 전혀 기억을 불러일으키지 못하는 경우도 있다. 그러한 예는 욕망 그리고 그보다 더 깊은 엘스티르의 회화나 뱅퇴이유의 음악과 같은 예술에서 볼 수 있다. 중요한 것은 감각이 서로 부둥켜안을 때 일어나는 두 감각의 울림이다. 이것이 바로 소나타에서의 바이올린의 감각과 피아노의 감각이다. "태초에서처럼 땅 위에는 그들 둘만 있는 것 같았다. 혹은 땅

위라기보다는 소나타라고 하는 어떤 창조자의 논리에 의해 건립되었고, 그 둘 외 다른 모든 나머지에게는 닫힌 세계 속에서 그들은 오직 둘일 따름인 것 같았다." 이것은 소나타의 형상 혹은 형상으로서 소나타의 솟아남이다. 7중주에서도 마찬가지다. 여기서는 두 모티프가 각각 하나의 감각에 의하여 정의되며 격렬하게 충돌한다. 하나는 정신적인 '부름'이며 다른 하나는 신체 속에서 '고통' 혹은 '신경증'과 같은 것이다. 우리는 더 이상 음악-회화의 차이에 매달리지 않는다. 중요한 것은 두 개의 감각이 격투사들처럼 서로 부둥켜안고서 하나의 '에너지로 된 신체 대 신체'를 형성하는 것이다. 비록 그것이 탈육화한 신체 대 신체라 해도 상관없다. 이 신체 대 신체로부터 밀폐된 세계 속에 세워진 뭐라 표현할 수 없는 본질, 울림, 느닷없는 현시가 추출된다.[3] 사람과 사물을 격리시키기, 프루스트는 이것을 아주 잘했다. 프루스트에 따르면 이 격리란 그 색깔들을 체포하기 위한 것이다.(콩브레는 찻잔 속에, 알베르틴은 방 속에 감금되어 있다.)

초상화가 베이컨은 죽은 사람들이나 자기가 알지 못하는 사람들을 그리기를 좋아하지 않는다고 선언한다.(왜냐하면 그들은 살이 없기 때문이다.) 그가 알고 있는 사람들도 그는 그들을 직접 눈 아래에 놓길 좋아하지 않는다. 그는 최근의 사진과 최근의 추억들을 선호한다. 혹은 차라리 최근 사진의 감각과 최근 인상의 감각이라고 하는 편이 더 낫겠다. 이것은 일종의 '회고'로서 회화적 행위를 하는 것이다.[4] 그러나 사실 기억과는 아무 관계가 없다.(오히려 프루스트보다 더 덜하다.) 중요한 것은 두 감각의 얼싸안음과 이 감각들이 이 얼싸안음으로부터 끌어낸 공명이다. 이것은

---

[3] M. 프루스트, 『잃어버린 시간을 찾아서(*A la recherche du tempsperdu*)』, Pléiade, I, p. 352, III, p. 260.
[4] *E.* I, pp. 79~83.

마치 마이브리지의 「투사들」과도 같은데 그는 여기서 투사들의 움직임을 사진으로 분해하였다. 이것은 구상적인 비관주의의 관점에서 그렇게 믿기 쉽듯이 모든 것은 전쟁 중이나 투쟁 중이라는 말이 아니다. 격투나 얼싸안음을 만든 것은 두 신체의 다양한 감각들의 짝짓기이지, 격투가 이 짝짓기를 만든 것은 아니다. 결국 격투 역시 서로 뒤섞여 잠자는 두 신체, 혹은 욕망이 뒤엉키게 하거나 회화가 공명하게 만든 두 신체에 의해 포착된 다양하게 변할 수 있는 형상이다. 수면과 욕망 그리고 예술은 껴안음과 공명 그리고 격투의 장소이다.

짝짓기와 울림만이 복잡한 감각이 하는 유일한 전개가 아니다. 삼면화에서도 특히 중앙의 판에서 짝지어진 형상들이 자주 나타난다. 하지만 감각의 짝짓기는 그것이 아무리 중요하다 하더라도, 삼면화가 무엇이고 그의 기능이 무엇이며 특히 세 개의 판 사이에 어떤 관계가 있는지 우리에게 알려 주지 않는다. 삼면화는 틀림없이 그 아래에서 다음과 같은 요구가 엄정히 제기되는 형태이다. 즉 분리된 부분들 사이에는 어떤 관계가 있어야 하며 이 관계는 논리적이거나 서술적이어서는 안 된다. 삼면화는 어떤 점진적 진행도 내포하지 않을 뿐만 아니라 아무런 스토리도 말하지 않는다. 따라서 삼면화는 그 나름대로 다양한 형상들에게 공통적인 일을 구현해야 한다. 삼면화는 어떤 '사실 관계'를 추출해야 한다. 단지 앞서의 짝짓기에 의한 해결은 여기서는 유효하지 않다. 그 이유는 삼면화에서는 형상들이 분리되어 있고 분리된 채로 남아 있다. 형상들은 분리된 채로 남아 있어야 하고 또 공명도 하지 않는다. 따라서 두 종류의 비서술적 관계가 있고 두 종류의 '사실 관계' 혹은 공통의 일이 있다. 이 두 관계란 짝지어진 형상들의 관계와 삼면화의 부분들처럼 분리된 형상들 사이의 관계이다. 그러나 어떻게 이러한 형상들이 공통의 일을 가질 수 있을까?

[86] 동일한 질문이 삼면화 밖에서도 제기될 수 있다. 베이컨은 세잔의 「목욕하는 여인들」을 좋아한다. 그 이유는 여러 형상들이 한 화폭 속에 결합되어 있지만 하나의 '스토리' 속에 잡혀 있지 않기 때문이다.[5] 이 형상들은 분리되어 있지 전혀 짝지어 있지 않다. 따라서 하나의 화폭 안에서 행해진 그들의 결합은 감각의 짝짓기와는 다른 유형의 공통적 사실을 내포한다. 베이컨의 1963년 작품인 「남자와 어린아이」 같은 그림을 보자. 자기 의자에 몸이 뒤틀린 채로 앉아 있는 남자의 형상과 뻣뻣하게 서 있는 소녀의 형상은 이 둘 사이에서 각을 이룬 아플라에 의해 분리되어 있다. 러셀은 여기에 대해 이렇게 말한다. "이 소녀는 그녀를 용서해 주지 않을 것 같은 아버지로부터 야단을 맞고 있는가? 이 여인은 이 남자를 수발드는 여인인가? 여자는 팔짱을 끼고 남자를 향해 얼굴을 들고 있으며, 남자는 몸을 비틀고 다른 방향을 보고 있다. 이 여인은 이 남자를 지긋지긋하게 따라다니는 정신병자 혹은 인간 괴물인가? 혹은 그는 연단 위에 올라 앉아 그녀에 대한 심판을 내리려고 하는 법관인가?"[6] 그리고 러셀은 각 질문에 대해 회화 속에 어떤 스토리를 다시 도입하려는 가정을 거부한다. "우리는 결코 그것을 알 수 없을 것이고 알기를 기대하지도 말아야 한다." 물론 우리는 이 그림이 앞의 모든 가정과 서술들을 동시에 가능케 한다고 말할 수 있을 것이다. 그러나 그것은 이 그림 자체가 모든 서술의 밖에 있기 때문이다. 바로 이 그림의 경우가 '사실 관계'가 감각의 짝짓기가 될 수 없고 한 그림 속에서 모여 있지만 형상들이 분리되어 있음을 고려해야 하는 경우이다. 어린 소녀는 '증인'의 기능을 하고 있는 것 같다. 그러나 이 증인은 우리가 보았듯이 어떤 관찰자나 관객-엿보는 사람을 의미하지는 않는다.(구상의 관점에서는 이 증인은 관찰자가 될 수 있을 것이다.) 더 깊은 단계 속에서 이 증인은 여기에 대조함으로써 어떤 변

---

5) *E. I*, p. 124.
6) 존 러셀, 앞의 책, p. 121.

화를 평가하는 척도나 박자, 지속적인 것이다. 그 때문에 소녀는 말뚝처럼 뻣뻣하게 서서 그 기형적인 안짱다리로 박자를 치고 있는 것 같으며, 남자는 그가 두 방향으로 통과하는 감각의 층리 속에서 이중적 변화 속에 잡혀 있는 것 같다. 남자는 오르고 내려감을 조절할 수 있는 좌석에 앉아 있는 것 같다. 베케트의 인물들도 자기들 신체의 동소체적인 내적 변화를 측정하고 자기들의 머릿속을 들여다보기 위하여 증인을 필요로 한다.('내 말 들려요? 누가 나를 보고 있어요? 누가 내 말을 듣고 있어요? 누가 나에 대해 조금이라도 신경을 쓰고 있어요?') 그리고 베케트에게서와 마찬가지로 베이컨에 있어서도 증인은 트랙의 동그라미나 사진기 혹은 기념물 사진으로 축소될 수 있다. 그러나 형상-변화에게는 형상-증인이 필요하다. 그리고 물론 두 방향으로 나아가는 이중적 변화가 하나의 동일한 형상에게 미칠 수 있다. 그러나 이 이중적 변화는 또 두 형상에게 나뉠 수 있다. 그리고 증인도 둘 아니면 여럿이 있을 수 있다.(그러나 어쨌든 증인을 엿보는 자 혹은 관객으로 해석하는 것은 불충분하고 구상적일 따름이다.) [26]

따라서 이 문제는 이미 삼면화와는 독립적으로 존재한다. 그러나 삼면화에서는 판들을 분리함으로 인해 이 문제가 순수한 상태로 제기된다. 그러면 삼면화에는 세 개의 리듬이 존재할 것인데, 하나는 증가적인 변화나 팽창을 가진 '적극적인' 것이고, 다른 하나는 '수동적'으로 감소적 변화 혹은 제거를 가져오고, 마지막은 '증인'이다. 리듬은 하나의 형상에 달라붙어 그 형상에 종속되기를 그만둘 것이다. 리듬 그 자체가 형상이 되고 형상을 구성할 것이다. 이것은 바로 정확히 올리비에 메시앙이 음악에 대해 한 말이다. 그는 적극적 리듬, 수동적 리듬, 증인적인 리듬으로 구분하고, 이 리듬들이 더 이상 리듬지어진 인물들로 돌려지지 않고 오히려 리듬 자체들이 리듬적인 인물들을 구성함을 보여 주었다. "연극 무대 위에서와 마찬가지로, 세 명의 배우가 등장했을 때, 첫 번째 배우는 움직이고, 두 번째 배우는 첫 번째 배우의 행위를 수동적으로 겪으며, 세 번째의 움직이지 않는 배우는 이러한 사실에 참여한다……."[7] 따라서 우리는 삼면화의 성격과 법칙 혹은 그것의 질서에 대해 다음과 같은 가정을 세워 볼 수 있다. 삼면화는 전통적으로 움직이는 회화 혹은 동적인 회화이다. 그리고 삼면화의 판들은 흔히 관찰자들이나 기도하는 자들 혹은 후견인을 내포한다. 이러한 가정들은 자기의 그림을 이동할 수 있는 그림으로 생각하고 거기에 지속적인 증인들을 그리길 좋아하는 베이컨에게 어울리는 가정들이다. 하지만 그는 어떻게 해서 삼면화에 시사성을 주고, 어떻게 삼면화를 재창조하는가? 이동할 수 있는 것 이상으로 그는 삼면화를 움직임과 등가물로 만들고 음악의 한 부분으로 만든다. 삼면화란 기본 3박자의 분배가 될 것이다. 삼면화에는 선적이라기보다는 순환적인 구성이 있다.

앞의 가정은 베이컨의 작품 속에서 삼면화가 특별한 위치를 차지하도록 해 준다. 그 위치란 감각을 그리는 자리로서 감각은 본질적으로 리듬이다. …… 하지만 단순한 감각에서는 리듬이란 아직도 형상에 종속되어 있고, 기관 없는 신체를 주파하는 진동으로 나타나며, 감각의 벡터로서 감각을 한 층리에서 다른 층리로 넘어가게 한다. 감각의 짝짓기에서는 리듬은 이미 해방되었다. 리듬이 다른 감각들의 다양한 층리를 결합시키고 대치시키기 때문이다. 여기서 리듬은 이제 공명이다. 하지만 아직도 리듬은 짝지어진 형상의 운율적인 선들과 혼동되고, 그의 점들과 상대되는 점들로 혼동된다. 리듬은 짝지어진 형상의 돌발 흔적이다. 마지막으로 삼면화와 함께 리듬은 그에게 자율성을 주고 우리에게 시간에

---

[7] '리듬적인 인물'의 본질적 개념에 관해서는 다음을 참조. Messiaen in Samuel, 『올리비에 메시앙과의 대담(*Entretiens avec Olivier Messiaen*)』, Belfond, pp. 70~74. 그리고 Golea, 『올리비에 메시앙과의 만남(*Rencontres avec Olivier Messiaen*)』, Julliard.

관한 인상이 태어나게 하는 강제된 움직임 속에서 놀랄 만한 폭을 갖는다. 감각의 경계들은 넘쳐나고 모든 방향으로 초과한다. 형상들은 공중으로 들어올려지거나 투사되고, 공중에 있는 체조대 위에 놓인다. 그 체조대 위에서 갑자기 추락한다. 그러나 동시에 이 움직이지 않는 추락으로부터 가장 알 수 없는 재구성과 재분배 현상이 일어난다. 그 이유는 리듬 그 자체가 분리된 세 방향, 다시 말해 적극적인 것, 수동적인 것, 증인에 따라 감각이 되고 또 그 자체가 형상이 되기 때문이다. 메시앵은 스트라빈스키와 베토벤에게서 선구자를 찾았다. 베이컨은 그의 선구자를 렘브란트에게서 찾을 수 있을 것이다.(그리고 전혀 다른 방법이긴 하지만 수틴에게서도 선구자를 찾을 수 있을 것이다.) 그 이유는 렘브란트의 정물화나 각 장르의 무대들 혹은 초상화 속에는 우선 흔들림과 진동이 있다. 윤곽은 진동을 나타내기 위해 사용된다. 그러나 또 중첩된 감각들의 두터운 층으로부터 오는 공명도 있다. 더욱이 클로델이 빛의 큰 폭이라고 묘사한 거대한 '움직이지 않고 안정된 뒷배경'이 있다. 이 뒷배경은 「밤의 원무」에서처럼 이상한 효과를 유발한다. 즉 형상들의 분할을 촉발하고 형상들을 적극적인 것, 수동적인 것, 증인으로 분배한다.(혹은 정물화 속에서 지속적인 층리에 머물고 있는 유리잔들은 '반은 공기적인 증인들'이고 껍질을 벗긴 레몬과 진주빛 조개류는 그들의 두 나선을 대비시킨다.)[8]

---

8) 클로델, 「눈이 듣는다」, 『산문작들』, La Pléiade, pp. 196~202, 1429~1430.

10 삼면화란 무엇인가

삼면화 속에는 어떤 질서가 있을까? 과연 있다면, 이 질서는 세 개의 기본적인 리듬을 분배하는 것으로 구성되어 있는가? 이 세 리듬 가운데 하나는 다른 두 리듬의 증인 혹은 척도가 되는가? 이러한 가정을 확인해 보아야 한다. 만약 이 리듬이 존재한다면 이 리듬은 수많은 다양성을 제시할 것이기 때문에 우리는 아주 다양한 양상을 기대해 볼 수 있을 것이다. 이러한 가정에 대답할 수 있는 것은 삼면화를 통한 경험적 연구밖에 없다.

우리는 우선 삼면화 속에는 겉으로 드러난 증인들이 많이 있음을 본다. 1962년, 왼쪽 판의 불안해하는 두 인물. 1965년, 오른쪽 판의 책상에 앉아 있는 두 늙은이와 왼쪽 판의 나체 여인. 1968년, 하나는 옷을 벗고 다른 하나는 옷을 입은 왼쪽과 오른쪽의 두 '기다리는 사람'. 1970년, 왼쪽의 관찰자와 오른쪽의 사진사. 1974년, 사진사-사수. 1976년, 오른쪽과 왼쪽의 초상화 모작. 그러나 우리가 보기에 증인의 문제는 이보다 훨씬 더 복잡하다. 그 이유는 우선 증인의 기능이 구상적인 측면에서 이러저러한 인물에게 돌려질 수 있다는 데 있다. 그것은 비록 이차적이라 하더라도 구상이란 언제나 존속하기 때문이다. 하지만 이 증인의 기능이 갑자기 형상적인 측면에서 전혀 다른 인물에게 돌려질 수 있다. 두 번째 의

[46]
[47]
[42]
[4, 87]
[26]

미의 증인은 첫 번째 의미의 증인과 동일하지 않을 것이다. 더 나아가서, 두 번째의 훨씬 더 깊은 의미의 증인은 관찰하거나 보고 있는 증인이 아니라 반대로 첫 번째의 표면적인 증인이 보고 있는 증인일 것이다. 따라서 삼면화 속에는 진정한 증인 기능의 교환이 있을 것이다. 그리고 깊은 의미의 증인, 즉 형상적인 증인은 보고 있지 않는 증인, 볼 만한 상황에 있지 않는 증인일 것이다. 이 증인은 전혀 다른 성격에 의해 증인으로서 규정될 것이다. 이 성격이란 그의 수평성, 다시 말해 그의 수준이 거의 언제나 동일하다는 것이다. 사실 불어나거나 줄어들지 않고, 증가하거나 감소하지 않고 그 자체로 되돌아가는 리듬을 정의하는 것은 수평적인 형상이다. 이러한 것은 증인인 리듬이다. 반면에 다른 두 수직적인 형상들은 하나가 다른 하나의 반대적인 되돌아옴이기 때문에 하나가 다른 하나에 대해 가진 관계에 의해서만 회귀적이다.[1]

따라서 우리가 삼면화에서 변하지 않는 가치를 가진 증인으로서의 리듬을 찾게 될 것은 바로 수평적인 형상 위에서이다. 이 수평적인 형상은 여러 가지 형상들을 제시할 수 있다. 우선 우리가 이미 보았듯이 1953년의 머리 삼면화에서 왼쪽 판에 있는 히스테리컬하고 납작한 미소의 형상 [58] 뿐만 아니라 벌써 1944년의 괴물 삼면화의 중앙 판에서 눈이 붕대로 가 [88] 려진 머리는, 당장이라도 곧 물어뜯을 그러한 머리가 아니라 입의 수평적 변형에 맞춰 미소 짓고 있는 흉측한 머리이다. 수평적인 형상은 또한 [30] 1973년의 삼면화에서처럼 변환의 움직임에 따라 행해질 수 있다. 중앙의 수평적 변환은 우리로 하여금 오른쪽의 경련으로부터 왼쪽의 경련으

---

1) 회귀적 혹은 그렇지 않은 리듬의 개념에 대해서, 그리고 조금 후에 더해지거나 빠진 가치 개념에 대해서는 올리비에 메시앵에 의거할 것이다. 동일한 문제가 회화에서도, 특히 색채의 관점에서 제시되었다는 것은 조금도 놀라울 것이 없다. 폴 클레가 이 문제를 실제 그림과 그의 이론적 텍스트에서 보여 주었다.

로 이동하도록 한다.(여기서도 역시 연속적인 순서가 있다면 그 순서는 반드시 왼쪽에서 오른쪽으로가 아님을 알 수 있다.) 1962년의 중앙, 1964년의 중앙, 1965년의 왼쪽, 1966년의 중앙 등처럼 수평적인 형상은 누워 있는 신체에 의해서도 행해질 수 있다. 혹은 「스위니 에고니스트들······」의 왼쪽과 오른쪽에 누워 있는 두 사람이나 1970년의 삼면화의 중앙에 누워 있는 두 사람에서처럼 수평적 돌발 흔적을 따라 짝지어진 누워 있는 여러 신체들에 의해서도 행해진다. 삼면화가 그 나름대로 짝지어진 형상들을 다시 취하는 것은 바로 이러한 의미에서이다. 바로 여기에 첫 번째의 복잡한 요소가 있는데, 바로 이 복잡성으로 말미암아 삼면화의 한 법칙을 증명해 준다. 즉 증인의 기능은 표면적인 인물들 위에서 세워진다. 그러나 이 기능은 이 인물들을 떠나서, 훨씬 깊은 의미로 인물이 된 리듬, 회귀적인 리듬 혹은 수평적으로 진행하는 리듬의 모습을 띤다.(1965년 삼면화의 왼쪽이나 「스위니 에고니스트들······」의 오른쪽에서처럼 베이컨은 동일한 판 위에 표면적인 인물과 리듬적인 인물을 함께 놓는 일이 있다.)

[46, 49]
[47, 9]
[53]
[3, 4]

[47, 53]

다음에 두 번째의 복잡한 요소가 나타난다. 그것은 증인 기능이 그림 속에서 순환함에 따라, 표면적인 증인이 리듬적인 증인에게 자리를 물려줌에 따라, 두 가지 일이 일어나기 때문이다. 한편으로 리듬적인 증인은 즉각적으로 리듬적인 증인이 되지 않았더랬다. 리듬적인 증인은 증인 기능이 그를 통과하고 그에게 도달하였을 때에야 비로소 리듬적인 증인이 된다. 그렇지만 그러기 전에는 리듬적인 증인은 능동적이거나 수동적인 리듬에 속해 있었다. 이러한 이유로 흔히 삼면화의 누워 있는 인물들은 아직도 능동적이거나 수동적인 격정의 흔적을 지니고 있다. 능동적이거나 수동적인 격정의 잔여물은 이 인물들을 수평선 위에 정렬하게는 하지만 아직 다른 곳으로부터 온 어떤 중압감이나 생동감, 풀어짐이나 수축을 가지고 있게 한다. 따라서 「스위니 에고니스트들······」에서 왼쪽의 짝지어진 형상은 수동적으로 등을 대고 누워 있으며, 반면에 오른쪽의 형상은 아직도 활기를 띠고 거의 요동치고 있다. 혹은 아주 흔한 일로서 짝지어진 동일 형상이 능동적인 신체와 수동적인 신체를 포함한다. 즉 (머리나 엉덩이들과 같은) 형상의 어느 한 부분이 수평선 위로 불룩 솟아오른다. 그러나 다른 한편으로는, 거꾸로, 이제 더 이상 증인이 되기를 그만둔 표면적 증인이 다른 기능들을 위해 해방된다. 따라서 이 증인은 증인이길 그만둠과 동시에 능동적이거나 수동적인 리듬 속으로 들어가고 그

[46] 중의 하나와 결합한다. 예를 들어 1962년 삼면화의 표면적 증인들은 흡혈귀들처럼 일어서고 있는 것 같다. 그런데 그 가운데 하나는 수동적이기 때문에 떨어지지 않으려고 자기 허리를 붙잡고 있으며, 다른 하나는

[3] 능동적인 것으로서 곧 덮칠 기세이다. 혹은 1970년 삼면화 속에서 왼쪽과 오른쪽의 표면적 증인을 보아도 된다. 결국 삼면화 속에는 커다란 유동성 혹은 순환성이 있다. 리듬적인 증인들은 자기들의 변하지 않는 층리를 방금 발견하였거나 혹은 아직도 찾고 있는 능동적이거나 수동적인 형상들과 같고, 반면에 표면적 증인들은 지금 막 솟아오르거나 떨어지려는, 능동적이거나 수동적으로 되려는 참이다.

　　세 번째의 복잡한 요소는 이러한 능동적이고 수동적인 다른 두 리듬과 관계된다. 수직적 변화의 이 두 의미는 무엇으로 구성되는가? 상반되는 이 두 리듬은 어떻게 분배되는가? 내려옴-올라감의 대비와 관계되는

[88] 간단한 경우들이 있다. 1944년의 괴물 삼면화는 수평적으로 미소를 짓고 있는 머리의 양 옆에 두 개의 머리를 놓는다. 하나는 내려오는 머리로서 그 머리카락이 떨어져 내리고 있고 그 입이 고함치고 있는 다른 하나는

[3] 반대로 위를 향해 있다. 1970년의 「인간 신체 연구」에서는 길게 늘어진 두 신체가 가운데서 나란히 마주하고 있다. 그 가운데 왼쪽의 신체는 자기 그림자로부터 일어나고 있는 형태이며 오른쪽의 신체는 자기 자신과

웅덩이 속으로 내려오고 있는 것 같다. 하지만 이것은 벌써 심장의 팽창-수축이라는 다른 대비의 특수한 경우에 해당한다. 여기서는 수축이 일종의 늘어남, 팽창, 혹은 내려옴-혹은 흘러내림과 대비를 이룬다. 1965년의 「십자가형」은 중앙판의 십자가에 박혀 있는 고기의 내려옴-흘러내림과 나치 백정의 극도의 수축을 대비시킨다. 1964년의 「한 방의 세 형상」에서는 왼쪽의 변기 위에 앉아 있는 남자의 팽창이 오른쪽 걸상 위에 앉아 있는 남자의 찌그러짐과 대비를 이룬다. 또 1970년의 「사람의 등에 관한 세 연구」는 선과 색을 사용하여 이 대비를 가장 교묘하게 보여 준다. 왼쪽의 넓은 장밋빛 등은 이완되어 있으며 오른쪽의 밝고 푸른 등은 수축되어 있다. 반면에 중앙의 푸른 등은 변하지 않는 층리 위에 설정되어 있는 것 같고 더 나아가 증인 기능을 나타내기 위하여 침침한 거울을 덮고 있는 것 같다. 그렇지만 대비가 전혀 다르게 나타나며 게다가 아주 놀라울 때가 있다. 이것은 1970년 삼면화의 오른쪽과 왼쪽에 보이는 벗은 자와 입은 자의 대비로서, 벌써 1968년의 삼면화에서 왼쪽과 오른쪽의 표면적 증인들에게서 보았던 것이다. 1968년의 루시안 프로이트의 삼면화는 훨씬 교묘하게 머리가 수축하고 있는 왼쪽의 벗겨진 어깨와 머리가 이완되거나 힘없이 처지는 오른쪽의 덮인 어깨를 대비시킨다. 그렇다면 마지막으로 벗은 것과 입은 것의 대비마저도 고려할 또 다른 대비는 없을까? 그것은 증가-감소의 대비가 될 것이다. 사실 우리가 더하거나 뺄 무언가를 선택하는 데 있어서는 극도의 섬세함이 있을 수 있다. 여기서 우리는 가치와 리듬의 영역 속으로 훨씬 깊게 들어간다. 그것은 우리가 더하거나 빼는 것이 어떤 양, 배수 혹은 약수가 아니라 그 엄밀함 혹은 '간략함'으로 정의되는 가치들이기 때문이다. 더해진 가치가 베이컨이 좋아하듯이 무작정 뿌려진 물감일 수도 있다. 하지만 가장 충격적이고 가장 감동적인 예는 1972년 8월의 삼면화일 것이다. 중앙에는 길게 늘어진 것들과 확실히 결정된 보랏빛에 의해 증인이 주어져 있다. 그런데 왼쪽의

[47]

[89]

[36]

[3]

[42]

[9]

[77]

형상에서는 동체의 모든 부분이 결핍되어 있고 오른쪽에서는 그 동체가 완성되어 가는 중에 있으면서 반은 벌써 더해졌다. 하지만 모든 것이 다리와 함께 뒤바뀐다. 왼쪽에서는 한쪽 다리는 벌써 완전하고 다른 쪽 다리는 그려지고 있는 중이다. 그리고 오른쪽에서는 그 반대다. 한쪽 다리는 벌써 잘렸고 다른 쪽은 흘러내린다. 거기에 상대적으로 중앙의 보랏빛도 다른 위상을 찾는다. 왼쪽에서는 의자 옆에서 지탱하는 장밋빛 웅덩이가 되었고, 오른쪽에서는 다리에서부터 장밋빛 흘러내림이 되었다. 마찬가지로 절단이나 인공 보철 기구는 베이컨에게서는 빼지거나 더해진 가치의 유희에 사용된다. 그것은 신체의 여러 부분들에 영향을 미치는 히스테리컬한 '수면'과 '깨어남'의 전체와 같다. 하지만 이 그림은, 특히 베이컨에게 있어서는 가장 음악적인 그림들 가운데 하나이다.

[30] 우리는 여기서 아주 큰 복잡함에 이르게 되었는데, 그것은 이 여러 대비들이 서로 동등하지가 않아서이고 또 그들의 용어가 서로 일치하지 않아서이기도 하다. 그로부터 결합의 자유가 나온다. 어떠한 일람표도 끝나 멈출 수 없다. 사실 올라감-내려옴과 수축-팽창, 심장의 수축-팽창을 동일시할 수는 없다. 예를 들어 흘러내림은 실제로 내려옴이고 또 이완이며 팽창이다. 하지만 1973년 삼면화의 변기의 남자와 세면대의 남자에게서처럼 흘러내림 속에는 수축도 있다. 그렇다고 항문의 국부적 이완과 목구멍의 국부적 수축 사이의 대비를 유지해야만 할까? 혹은 대비는, 이 삼면화에서 한 수축으로부터 다른 수축으로 이동하면서, 서로 다른 두 수축 사이에서 일어나는 것일까? 이 모든 것이 공존할 수 있다. 그리고 대비는 채택한 관점에 따라, 다시 말해 고려된 가치에 따라 변할 수도 있고 전도될 수도 있다. 특히 이른바 닫혀진 일련의 것들의 경우에서는 대비가 거의 공간 속에서의 방향으로 축소되는 일이 일어난다. 결국 상반되는 두 리듬에서 중요한 것은 그 각각이 다른 것의 '되돌아옴'이라는 것

이다. 반면에 지속적이고 공통된 가치는 그 자체 속으로 회귀하는 증인 리듬 속에서 나타난다. 그렇지만 삼면화의 이러한 상대성은 충분치가 않다. 그 까닭은, 비록 우리가 서로 대비되는 리듬들 가운데 하나는 '능동적'이고 다른 하나는 '수동적'이라는 인상을 받더라도, 무엇이 이러한 인상을 설정하는가? 우리가 하나의 그림에 대해서, 또 고려된 각 부분들에 따라서 변하는 아주 다양한 관점을 가지고 이 두 용어를 할당해도 그렇다.

그런데 각각의 경우에 있어서 할당을 관장하는 것은 아주 간단해 보인다. 베이컨에게 있어서 우선권은 내려옴에게 주어진다. 이상하게도 능동적인 것은 바로 내려오는 것, 떨어지는 것이다. 능동적인 것, 그것은 추락이다. 하지만 그렇다고 반드시 공간 속으로 팽창해서 내려오는 것은 아니다. 이것은 감각의 통과로서 내려옴이고, 감각 속에서 이해된 층리의 차이이다. 감각에 있어서 강도의 문제에 부딪친 대부분의 작가들은 이러한 동일한 대답을 만나는 것 같다. 강도의 차이는 추락 속에서 경험된다. 그로부터 추락을 위한 투쟁의 생각이 나온다. "그들의 손은 그들의 머리 위에서 무의식적으로 서로 닿았다. 그러자 손들은 바로 격렬하게 다시 밑으로 내려왔다. 한동안 둘은 결합된 그들의 손을 주의 깊게 관찰하였다. 그리고 느닷없이 그들은 떨어졌다. 누구도 누가 다른 사람을 밀쳤는지 몰랐다. 말하자면 그들을 넘어뜨린 것은 바로 그들의 손인 것 같았다……."[2] 베이컨에게서도 마찬가지다. 살은 뼈로부터 내려오고, 신체는 팔 혹은 볼록한 엉덩이로부터 내려온다. 감각은 한 층리에서 다른 층리로 떨어지면서 추락에 의해 발달한다. 추락이 긍정적이고 능동적인 현실이라는 생각이 여기서는 본질적이다.

그럼 왜 층리의 차이가 올라감과 같은 다른 감각에서는 느껴질 수 없

---

2) Gombrowicz, 『포르노그라피(*La Pornographie*)』, Julliard, p. 157.

는가? 그것은 추락이 결코 열역학과 같은 방식으로 해석될 수는 없기 때문이다. 마치 엔트로피의 발생이나, 가장 낮은 층리로 평준화되려는 경향의 발생 식으로 해석될 수는 없는 것처럼. 반대로 추락은 그러한 그대로의 층리의 차이를 확인하기 위해 거기에 있다. 모든 긴장은 추락 속에서 느껴진다. 칸트가 강도를 순간에 인식되는 크기로 정의했을 때, 그는 강도의 원칙을 도출했다. 그로부터 그는 결론 내리길, 이러한 여러 크기들은 0인 부정에 그 크기가 얼마나 접근하였느냐로만 나타날 수 있다고 하였다.[3] 따라서 비록 감각이 상위의 혹은 더 높은 층리를 향해도 감각은 이러한 사실을 이 상위 층리의 0으로의 접근에 의해서만, 다시 말해 추락에 의해서만 느끼게 할 수 있다. 감각이 무엇이든 간에 그 감각의 밀도적인 현실은 올라감의 크기가 아니라 크건 작건 깊이로 내려감의 현실이다. 감각은 그의 가장 내밀한 움직임을 구성하는 추락과 분리될 수 없다. 추락에 대한 이러한 생각은 문맥상 쉽게 그렇게 생각될 수 있지만 불행이나 실패 혹은 고통이라는 개념을 내포하지 않는다. 마찬가지로 감각의 격렬함은 재현된 장면의 격렬함과는 혼동될 수 없다. 하나의 감각 속에서 더욱 깊어 가는 추락은 편리 혹은 유머를 위해서가 아니라면 공간 속에서의 추락과 혼동될 수 없다. 추락은 감각 속에서 가장 살아 있는 것으로, 그 때문에 감각이 살아 있는 것으로 느껴지는 것이다. 그렇기에 강도 높은 추락은 공간적인 추락과, 그리고 또 올라감과 일치할 수 있는 것이다. 추락은 심장의 팽창, 이완 혹은 흩어짐과 일치할 수 있고, 또 마찬가지로 수축 혹은 심장의 수축과 일치할 수 있다. 추락은 감소와, 그리고 또 마찬가지로 증가와 일치할 수 있다. 한마디로 발달하는 모든 것은 추락이다.(감소에 의한 발달도 있다.) 추락은 정확히 능동적인 리듬이다.[4]

따라서 각 그림에서 어떤 것이 추락에 해당하는가를 (감각을 통해) 결

---

[3] I. Kant, 「인식의 예견(les anticipations de la perception)」, 『순수이성 비판(Critique de la raison pure)』.

FRANCIS BACON

LOGIQUE DE LA SENSATION

프란시스 베이컨
감각의 논리

[1] 삼면화, 1970

 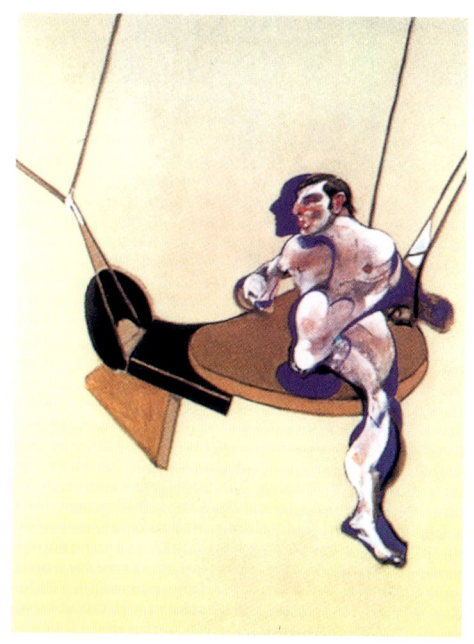

[2] 삼면화, 인간 신체 연구, 1970

 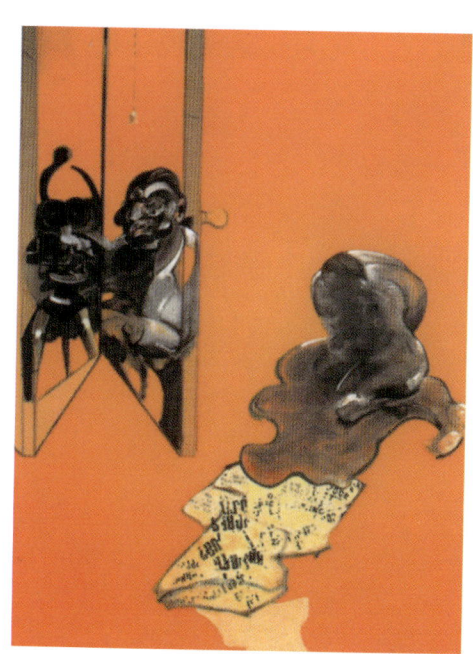

[3] 삼면화, 인간 신체 연구, 1970

[4] 회화,1946

[5] 삼면화, 증인들과 함께 침대에 누워 있는 두 형상, 1968

[6] 삼면화, 1973 5~6월

[7] 삼면화, 십자가형, 1965

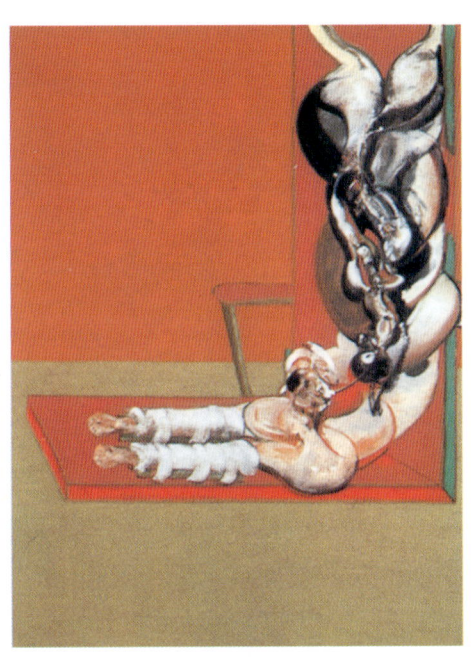 

정할 수 있게 된다. 그렇게 해서 능동적인 리듬을 결정한다. 물론 이 리듬은 각 그림에 따라 다양하다. 그와 반대되는 성격은, 그 그림 속에 있는 것으로, 수동적인 역할을 할 것이다.

따라서 우리는 세 판이 공존해야 하는 필연성을 기초한 삼면화의 규칙들을 요약할 수 있다. 1) 세 개의 리듬 혹은 세 개의 리듬적인 형상들의 구별, 2) 그림 속에서 증인의 순환과(표면적 증인과 리듬적 증인) 증인 리듬의 존재, 3) 능동적 리듬을 나타내기 위해 선택된 성격에 따른 모든 변화들과 함께 능동적 리듬과 수동적 리듬의 결정. 이러한 법칙들은 적용할 의식적인 공식과는 어떤 관계도 없다. 이 법칙들은 비합리적인 논리 혹은 회화를 구성하는 감각의 논리에 속한다. 이 법칙들은 간단하지도 의식적이지도 않다. 이 법칙들은 좌에서 우로의 연속적인 질서와도 혼동되지 않는다. 이 법칙들은 중앙에 포괄적인 역할도 할당하지 않는다. 이 법칙들이 전제하는 불변수들은 경우에 따라 변한다. 이 법칙들은 그 성격과 그 관계의 관점에서 극도로 변화무쌍한 용어들 사이에 설정된다. 베이컨의 그림은 놀랄 만큼 움직임에 의해 통과되기 때문에 삼면화의 법칙들은 여러 움직임 가운데 한 움직임일 따름이거나, 움직임이 언제나 신체에 행사되는 힘들로부터 나오기 때문에 복잡한 힘들의 한 상태일 따름이다. 하지만 우리에게 남은 바로 그 마지막 질문은 어떤 힘이 삼면화와 상응하는가이다. 만약 이 법칙들이 방금 우리가 정한 것이라면 이 법칙들은 어떤 힘에 상응하는가?

일차적으로, 간단한 그림들에서는 구조에서 형상으로, 그리고 형상에

---

4) 사르트르는 플로베르를 분석하며 '히스테리컬한 앙가주망'의 관점에서 추락 에피소드의 중요성을 보여 주었다. 하지만 그는, 비록 추락이 긴 시간을 놓고 보면 능동적이고 긍정적인 기도 속에 들어간다는 것을 인정하면서도, 또한 추락에 너무 부정적인 의미를 준다.(『가족의 백치(L'idiot de la famille)』, Gallimard, II)

서 구조로 향하는 이중의 움직임이 있었다. 고립과 변화 그리고 흩뜨림의 힘들. 그러나 두 번째로는 형상들 자체 내에 움직임이 있다. 자기들의 층리에서 고립과 변형 그리고 흩뜨림 현상을 또 취하는 짝짓기의 힘. 마지막으로 세 번째 유형의 움직임과 힘이 있다. 바로 거기서 삼면화가 개입한다. 삼면화도 형상의 자격으로서 짝짓기를 또 할 수 있다. 하지만 삼면화는 다른 힘을 가지고 하고 다른 움직임을 도입한다. 한편으로 구조 혹은 아플라와 결합하는 것은 더 이상 형상이 아니다. 형상들 사이의 관계가 아플라 위에 격렬하게 투척되고 또 이 관계는 단일한 색 혹은 생경한 빛에 의해 책임을 진다. 그래서 많은 경우에 형상들은 주변이라고는 [3, 8] 빛이나 색밖에 없는 곡예사와 비슷하다. 우리는 삼면화들이 이러한 빛적이거나 색채적인 생동감을 필요로 하고 또 전반적인 '말러리슈'적 처리와 타협하기는 아주 드물다는 것을 곧 이해하게 된다. 1953년의 머리 삼 [58] 면화는 이러한 드문 예외에 속할 것이다. 하지만 다른 한편으로는, 빛과 색의 통일성이 즉각적으로 그 위에서 형상과 아플라 사이의 관계를 담당한다 해도, 그로부터 마찬가지로 형상들이 빛과 색 속에서 극대의 분리에 이르게 된다는 결과가 나온다. 분리와 분할의 힘이 형상들을 잡는다. 이 힘은 앞선 고립의 힘과는 전혀 다르다.

그리고 바로 이것이 삼면화의 원칙이다. 형상들의 극대의 분할을 위한 빛과 색의 극대의 통일성. 이것은 렘브란트가 가르쳐 준 것이다. 리듬적인 인물들을 만드는 것은 바로 빛이다.[5] 그 때문에 형상의 신체는 삼면화와 함께 절정에 달한 세 힘의 층리를 통과한다. 우선 형상의 일이 있다. 이때 신체는 고립과 변형 그리고 흩어짐의 힘에 종속되어 있다. 이어서 두 형상이 동일한 일 위에서 포착되었을 때, 다시 말해 신체가 짝짓기의

---

5) 클로델은 렘브란트의 「밤의 원무」를 "빛에 의해 집단 속에 일어난 붕괴"라고 평했다.(『산문작』, La Pléiade, p. 1329)

힘, 멜로디적인 힘에 잡혀 있을 때 첫 번째의 '사실 관계'가 있다. 이어서 마지막으로 삼면화이다. 이것은 보편적 빛과 보편적 색 속에서 신체들의 분리이다. 이 보편적 색과 빛은 형상들의 공통된 일이며 그들의 리듬적인 존재이고 두 번째의 '사실 관계' 혹은 분리하는 결합이다. 하나의 결합이 형상들을 분리하고, 색채들을 분리한다. 그것은 바로 빛이다. 존재들-형상들은 검은 빛 속으로 떨어지면서 분리된다. 색채들-아플라들은 하얀 빛 속으로 떨어지면서 분리된다. 이러한 빛의 삼면화 속에서는 모든 것이 공기적으로 된다. 분리 그 자체도 공중에 있다. 시간은 더 이상 신체의 색채성에 있지 않고 단일 색채적인 영원성 속으로 통과해 간다. 모든 것을 결합하는 것은 이 거대한 시-공이다. 하지만 사물들 사이에 사하라 사막의 거리와 몇 겹의 시간을 도입하면서이다. 삼면화와 그의 세 판들은 분리되었다. 이러한 의미에서 삼면화는 '이젤' 회화를 극복하는 한 방법이다. 세 그림은 분리되어 있다. 하지만 그들은 더 이상 고립되어 있지 않다. 한 그림의 틀과 변두리는 더 이상 각각의 제한될 수 있는 통일성으로 돌려지지 않고, 세 개의 분배적인 통일성으로 돌려진다. 마지막으로 베이컨에게 있어서는 삼면화밖에 없다. 고립된 그림들조차도 다소간 삼면화들처럼 구성되어 있다.

[28]

11 그리기 이전의 회화

화가가 순백의 표면 앞에 있다고 믿는 것은 잘못이다. 구상적 믿음은 이 잘못으로부터 유래한다. 실제로 화가가 순백의 표면 앞에 있다면 그는 거기에서 모델로서 기능하는 어떤 외적 대상을 다시 생산할 수 있을 것이다. 하지만 그는 그렇지 않다. 화가는 자기의 머릿속에, 혹은 주변에, 혹은 화실 안에 많은 것을 가지고 있다. 따라서 그가 자기 머릿속이나 주변에 가지고 있는 모든 것은 다소간 잠재적으로, 다소간 현재적으로, 그가 작업을 시작하기 이전에 이미 화폭 속에 있다. 이 모든 것은 현행적이거나 잠재적인 이미지라는 자격으로 화폭 위에 현재하고 있다. 따라서 화가는 순백의 표면을 채울 것이 없다. 차라리 그는 비우고, 거추장스러운 것을 치우며, 깨끗이 청소하는 일만 가지고 있다. 따라서 그는 모델로서 기능하는 어떤 대상을 화폭 위에 재생하기 위해 그리는 것이 아니다. 그는 이미 거기 있는 이미지들 위에서 그린다.

그리하여 그는 그 기능이 모델과 복사라는 관계를 뒤집을 어떤 화폭을 생산한다. 한마디로, 정의해야 할 것은 바로 화가의 작업이 시작하기 이전에 화폭 위에 있는 이러한 주어진 '여건들'이다. 그리고 이 여건들 가운데 어떤 것들이 장애물이고, 어떤 것들이 도움을 주는 것이며, 혹은 준비 작업의 결과들인가를 규정해야 한다.

우선 일차적으로 구상적인 여건들이 있다. 구상이란 존재한다. 그것은 하나의 사실이다. 구상은 회화에 선행하기조차 한다. 우리는 나타내 보여 주는 사진들에 의해, 이야기를 해 주는 신문들에 의해, 영화 이미지에 의해, 텔레비전 이미지에 의해 포위되어 있다. 이러한 물질적 이미지들만큼이나, 이미 만들어진 인식들, 추억들, 환상들 같은 심리적으로 상투적인 것들이 있다. 여기에는 화가에게 매우 중요한 경험이 들어 있다. 그러니까 시작하기 이전에 사람들이 '판에 박힌 것'이라고 부를 만한 각종의 것들이 있다. 그것은 극적인 것이다. 세잔은 실제로 이러한 극적인 경험을 가장 심하게 겪은 것 같다. 화폭 위에는 판에 박힌 것이 언제나-이미 있다. 그래서 화가가 만약 이 판에 박힌 것을 만족할 만큼 변형하고 왜곡하거나 혹은 그것을 저주하거나 온통 갈아 부순다 하여도, 이것은 여전히 너무 지적인 반응이고 너무 추상적인 반응이다. 여전히 판에 박힌 것은 자기 재로부터 다시 태어날 것이고, 화가는 여전히 판에 박힌 것의 요소 안에 남아 있을 것이며, 판에 박힌 것은 화가에게 우스꽝스러운 개작을 했다는 것 외에 어떠한 위안도 주지 않을 것이다. D. H. 로렌스는 세잔의 언제나 다시 시작하는 이러한 경험에 대해 아주 훌륭한 글들을 썼다.

40년의 악착같은 투쟁 끝에, 그는 마침내 어떤 사과 하나를 알 수 있었고 한두 개의 꽃병을 완전히 알 수 있었다. 이것이 그가 성공적으로 한 모든 것이었다. 이것은 거의 아무것도 아닌 것 같았고 그는 쓸쓸하게 죽었다. 하지만 중요한 것은 첫 발자국이다. 세잔의 사과는 아주 중요하다. 플라톤의 생각보다 더 중요하다. …… 만약 세잔이 자기의 바로크적인 판에 박힌 생각을 받아들이는 데 동의하였더라면 그의 데생은 고전주의적 규범에서 보아 아주 완전하게 좋은 것이었을 것이고 어떠한 비평가도 거기에 대해 더 할 말을 찾지 못했을 것이다. 하지만 자신의 데생이 고전주의적 규범으로 볼 때 훌륭했는데도, 세잔은 전혀 기분이 좋지 않았던 것 같다. 그것은 판에 박힌 것이었다. 그래서 그는 그 위로 달려들어 그 형태와 내용을 잡아 뜯었다. 그래서 판에 박힌 것이 이렇게 난폭하게 취급받고 녹초가 되어 나쁘게 되었을 때, 세잔은 그것을 그대로 놓아두었다. 하지만 슬픔에 잠겨서. 왜냐하면 이것은 또 언제나 자기가 바라던 것이 아니었기 때문이다. 바로 여기에서 세잔 그림들의 희극적인 요소가 나타난다. 판에 박힌 것에 대한 그의 광적인 분노는 그로 하여금 이 판에 박힌 것을 우스꽝스럽게 바꾸도록 하였다. 「파샤(Pacha)」나 「여인」처럼. 그는 무언가를 표현하고자 만들었다. 하지만 그것을 하기 전에 히드라*의 머리를 가진 판에 박힌 것에 맞서 싸워야 했다. 그는 결코 이 괴물의 마지막 머리를 잘라 낼 수가 없었다. 이러한 판에 박힌 것과의 싸움이야말로 그의 회화들 속에서 가장 뚜렷하게 나타나는 것이다. 전투의 흙먼지가 두텁게 피어오르고, 섬광이 사방으로 튀어 나간다. 그의 모방자들이 그렇게도 열심히 베끼고 있는 것은 바로 이 먼지와 섬광들이다. …… 나는 세잔 자신이 욕구하였던 것은 재현이었다고 확신한다. 그는 충실한 재현을 원했다. 그는 단지 재현이 더욱더 충실하였으면 하고 바랐다. 왜냐하면 어느 누가 그 재현을 사진으로 찍어도, 세잔이 바랐던 것보다 더 충실한 재현을 얻기는 정말 어려웠을 것이기에. …… 그의 노력에도 불구하고 여인들은 여전히 이미 알려진, 이미 만들어진 판에 박힌 것으로 남아 있었다. 그래서 그는 직관적인 앎에 이르기 위해 필요한 개념의 강박으로부터 벗어나는 데까지 다다를 수가 없었다. 자기 부인만은 예외였다. 그녀에게서 그는 마침내 사과적인 성질을 느끼는 데에 이를 수 있었다. …… 남자들에게 있어서 세잔은 흔히 옷, 빳빳한 상의, 두툼한 주름, 모자, 작업복, 커튼 등에 매달리면서 판에 박힌 것으로부터 빠져나갔다. …… 때때로 세잔이 판에 박힌 것으로부터 완전히 빠져나가 실제적인 대상에

---

* 수많은 머리를 가진 뱀 모습의 괴물. 이 머리들은 잘라도 곧바로 다시 자라남. 그래서 헤라클레스는 불화살을 쏘아 죽임. 그렇지만 한가운데 있는 머리는 죽지 않기 때문에 커다란 바위 아래 매장하였다. (옮긴이)

대해 전적으로 직관적인 해석을 한 곳은 바로 정물화 속에서이다. …… 거기에서 그는 도저히 흉내 낼 수가 없다. 그의 모방자들은 그의 그림에서 딱딱한 주름이 진 상보나 사실성이 없는 대상들을 복사한다. 하지만 그들은 단지나 사과는 재생하지 않는다. 그럴 능력이 그들에게는 없기 때문이다. 우리는 진짜 사과적인 특성은 모방할 수 없다. 각자는 새롭고 다른 이 특성을 스스로 창조하여야 한다. 이것이 세잔의 것과 비슷한 순간, 그것은 아무것도 아니다……."[1]

판에 박힌 것, 판에 박힌 것들! 우리는 세잔 이래로 상황이 정리되었다고 말할 수는 없다. 우리 주위에서, 그리고 우리 머릿속에서 온갖 종류의 이미지들의 증폭이 있었을 뿐만 아니라, 판에 박힌 것에 대한 저항마저도 판에 박힌 것들을 양산해 냈다. 추상 예술조차도 자신의 판에 박힌 것들을 생산해 내는 데에 있어 최종적이지는 않았다. "이 모든 튜브와 물결치는 함석의 진동들은 그 어떤 것보다도 더 바보 같고 지극히 감상적이다."[2] 모든 복사자들은 판에 박힌 것으로부터 해방된 그것으로부터 언제나 다시 판에 박힌 것을 재탄생하도록 하였다. 판에 박힌 것들에 대한 투쟁은 무시무시한 일이다. 로렌스가 말하듯이, 하나의 사과와 한두 개의 꽃병에 대해서 성공을 하였다는 것은, 얻었다는 것은, 이미 아름다운 것이다. 일본인들은 그것을 알고 있다. 인생 전체가 겨우 풀잎 하나면 충분하다. 그 때문에 위대한 화가들은 자신의 작품에 대해 큰 엄격함을 고수한다. 많은 사람들이 사진을 예술 작품으로 여기고, 표절을 대범함으로 여기며, 웃음을 개작이라고 여기고, 더 나쁘게는, 우연한 발견을 창조로 여긴다. 하지만 위대한 화가들은, 진정한 웃음, 진정한 변형을 얻기 위해서는 판에 박힌 것을 자르거나, 학대하고 개작하는 것으로는 충분하지 않음을 안다. 베이컨은 자신에 대해서 세잔과 마찬가지의 엄격함

---

1) D. H. 로렌스, 『에로스와 개들(*Eros et les chiens*)』, Bourgois, pp. 238~261.
2) D. H. 로렌스, 『채털리 부인의 정부(*L'Amant de lady Chatterley*)』, Gallimard, p. 369.

을 가진다. 그리고 세잔과 마찬가지로, 적이 나타나자마자 많은 그림을 상실하였거나 혹은 포기하고 그것들을 던져 버렸다. 그는 판단을 내린다. 「십자가형」 시리즈는 너무 감각적이다, 느껴지기에는 너무 감각적이다. 「코리다」 시리즈조차도 너무 극적이다. 「교황」 시리즈는? "나는 벨라스케스의 교황을 기록하려고, 변형하여 기록하려고 하였습니다. 하지만 전혀 성공하지 못했지요. 나는 그걸 개탄합니다. 왜냐하면 내 생각에는 이 기록들이란 바보 같기 때문입니다. 그래요, 나는 그걸 개탄합니다. 왜냐하면 내 생각에 이러한 것은 어떤 절대적인 것이지 기록될 수 있는 것이 아니기 때문입니다……."[3] 베이컨에 따른다면 베이컨에게 남아 있어야 하는 것은 무엇일까? 아마도 몇몇의 머리들이고, 한두 개의 공중 삼면화이며 남자의 넓은 등 하나이다. 하나의 사과와 한두 개의 꽃병 이상의 전쟁이다.

우리는 사진에 대한 베이컨의 문제가 어떻게 제기되는지 안다. 그는 실제로 사진에 매혹되었다.(그는 사진에 둘러싸였고, 모델의 사진들을 보고 초상화를 보고 그린다. 또 전혀 다른 사진들도 사용한다. 그는 옛 그림들을 사진을 보고 연구한다. 그리고 그는 특이하리만큼 사진에게 자기 자신마저도 맡겨 버린다…….) 그러면서 동시에 그는 사진에는 어떠한 미학적 가치도 두지 않는다.(그는 말하길 마이브리지의 사진들처럼 미학적인 점에 있어서 아무 야심도 없는 사진들을 좋아한다고 한다. 그는 특히 엑스레이 사진들이나 의학적 판화를 좋아한다. 그리고 머리들을 그리기 위해서는 자동카메라들을 좋아한다. 그리고 그의 사진에 대한 사랑과 사진에 대한 열정의 토로 속에서 그는 일종의 비천함을 느낀다…….) 이러한 태도를 어떻게 설명할까? 그것은 우리가 우선 생각할 수 있었던 것보다도 구상적 여건이 훨씬 복잡하다는 것이다. 아마 이 구상적 여건들은 보는 수단들이리라. 그러한 자격으로서 이것들

---

3) *E.* I, p. 77.(그리고 여전히 구상적인 격렬함을 품고 있는 자신의 모든 그림들에 대한 비난이 있다.)

은 삽화적이거나 서술적인 재생이고 재현들이다.(사진, 신문) 하지만 벌써 주목하였을 것인데, 이것들은 닮음 혹은 관습이라는, 유사성 혹은 코드라는 두 방식으로 작용할 수 있다는 것이다. 그리고 이것들이 어떠한 방식으로 작용하든 간에, 이것들은 그 자체가 무엇인가 어떤 것이라는 사실이다. 이것들은 그 자체로서 존재한다. 단지 보기 위한 수단일 뿐만 아니라, 우리가 보는 것은 바로 그것들이고, 궁극적으로는 오직 그것들만 본다는 것이다.[4] 사진은 우리가 신문이 사건을 (단순히 서술하는 것으로 만족하지 않고) 만든다고 하는 의미에서 인물이나 풍경을 '만든다'. 우리가 보는 것, 우리가 인지하는 것은 사진들이다. 속임수를 쓴 그럴 법하지 않은 이미지들의 진실을 우리에게 강요하는 것이 사진이 가지고 있는 가장 커다란 장점이다. 그리고 베이컨은 이러한 움직임에 저항할 의도가 없다. 반대로 그는 즐거움을 느끼면서까지 거기에 자신을 맡긴다. 뤼크레스의 모형들처럼 사진들도 그에게는 공기와 시대를 가로질러 멀리서 와서 각각의 방과 두뇌를 채우는 것처럼 보인다. 따라서 베이컨은 단순히 사진이 구상적이라고 해서, 다시 말해 무언가를 재현한다고 해서 비난하는 것은 아니다. 왜냐하면 그는 사진이 무엇인가가 된다는 사실에, 시각에 스스로를 강요한다는 사실에, 그럼으로써 눈 전체를 좌지우지한다는 사실에 아주 민감하기 때문이다. 따라서 사진은 미학적 주장을 할 수 있으며 그림과 경쟁을 할 수 있다. 그렇지만 베이컨은 그것을 거의 믿지 않는다. 왜냐하면 그는 사진이란 감각을 단 하나의 층리 위에서 으깨지게 하는 경향이 있고, 그래서 감각 속에서 구성적 층리의 차이를 만들기에는 완전히 무력하다고 생각하기 때문이다.[5] 하지만 아이젠슈타인의 영화 이미지 속에서 혹은 마이브리지의 사진 이미지 속에서 이러한 미학적

---

4) *E.* I, p. 67 이하.
5) *E.* I, pp. 112~113.(존 러셀이 그의 「사방으로 뻗어가는 이미지」라는 장에서 베이컨의 사진에 대한 태도를 잘 분석하였다.)

층리에까지 도달하였다고 하여도 그것은 판에 박힌 것을 변형시켰거나, 혹은 로렌스가 말했듯이 이미지를 가혹하게 취급한 것에 불과하다. 이러한 것은 예술이 창조하듯이 진정한 변형은 만들지 않는다.(아이젠슈타인에서와 같은 기적들만은 예외로 하고.) 한마디로 비록 사진이 단순히 구상적이기만을 멈추었다 해도, 사진은 여전히 여건이라는 칭호로서, '보여진 것'이라는 칭호로서 구상적으로 남게 된다 — 이것은 회화와는 반대이다.

이것이 바로, 비록 그의 포기에도 불구하고, 베이컨이 사진에 대한 극단적인 혐오증을 가지고 있는 이유이다. 현대 혹은 동시대의 많은 화가들이 사진을 회화 창조 과정 속으로 편입시켰다. 그들은 직접적으로 혹은 간접적으로 그렇게 하였는데, 그것은 그들이 때로는 사진 속에서 어떤 예술적인 힘을 알아보았기 때문이고, 때로는 그들이 더 단순하게 사진으로부터 출발한 회화적 변형을 통하여 판에 박힌 것을 추방할 수 있다고 생각하였기 때문이다.[6] 따라서 재미있는 것은 베이컨으로서는 이러한 전체 방식들 안에서 불완전한 해결들만을 보았다는 사실이다. 한번도 베이컨은 사진을 창조적 과정 속으로 편입시키지 않았다. 그는 때때로 형상과의 관계에 있어서 사진처럼 기능하는 것을 그리는 것으로 만족하였고, 이것은 증인의 역할을 담당하였다. 단 두 번, 그는 선사 시대의 동물 혹은 묵직한 장총(마레이(Marey)의 움직임을 분해하는 장총)과 비슷한 사진기를 그렸다. 베이컨의 태도는 비겁한 포기 이후에 사진을 거부하는 것이다. 그 이유는 화가가 작업을 시작하기도 전에 사진이 이미 그림 전체를 점유할 정도로 매력적이었기 때문이다. 차후로는 판에 박힌

---

[6] 미셸 푸코는 제라르 프로망제를 대상으로 사진과 회화의 관계에 있어서의 여러 가지 유형을 분석하였다.(『사진술적인 회화(*La peinture photogénique*)』, Jeanne Bucher, 1975) 가장 재미있는 경우는 프로망제처럼 화가가 사진 혹은 사진 행위를 자신의 미학적 가치와는 상관없이 편입시키는 경우이다.

것을 변형시켜 가지고서는 사진으로부터 빠져나오거나 판에 박힌 것으로부터 벗어날 수가 없다. 아무리 판에 박힌 것을 변형시켜도 그것은 최소한의 회화적인 변형을 이루지 못한다. 차라리 판에 박힌 것에 완전히 몸을 맡겨 버리고, 그것들을 다 불러들이며, 그것들이 그만 한 수효의 회화적 여건이라도 되는 것처럼 쌓고 증폭시키는 것이 더 좋았을 것이다. 우선 '의지를 상실하고자 하는 의지'가 있어야 한다.[7] 그리고 거부에 의해서 거기서 빠져나올 때 화가의 작업이 시작될 수 있다.

베이컨은 보편적인 해결책을 제시한다고 주장하지는 않는다. 이것은 사진과의 관계에 있어서 그에게 적합한 길일 따름이다. 하지만 사진이 아닌, 사진과는 외양적으로 전혀 다른 주어진 여건들이 그림 이전에 나타난다. 베이컨은 여기에 대해서도 사진에 대해서 취했을 때와 유사한 태도를 취한다. 예를 들면 그의 대담들에서 우연의 문제가 사진의 문제만큼이나 자주 제기된다. 그리고 베이컨이 우연에 대해서 말할 때는 사진에 대해서 말하는 것과 같다. 거기서도 그는 아주 복잡한 감정적인 태도를 취한다. 우선 포기를 하고 다음에 이 포기로부터 거부와 행동의 아주 엄밀한 규칙들을 이끌어낸다. 그는 자기 친구들과는 우연에 대해서 자주 이야기하지만 자신을 이해시키기가 매우 어렵다. 왜냐하면 그는 이 영역을 두 부분으로 나누기 때문이다. 하나는 여전히 회화적인 것 속에서 거부되고, 다른 하나는 회화 행위에 속한다. 실제로 우리가 화가의 작업 이전의 어떤 화폭을 생각해 보면, 화폭 안의 모든 장소들이 동등하게 가치가 있고 모든 장소들이 동등하게 '그럴 법하다'. 만약에 이들이 동등하게 가치가 있지 않다면, 그것은 화폭이 주변과 중심으로 이미 결정된 표면이기 때문이다. 하지만 특히 화가가 하고자 하는 것의 기능에 따라,

---

7) *E. I*, p. 37.

그의 머릿속에 있는 것의 기능에 따라서 그러하다. 즉 이러이러한 자리는 이러이러한 계획과의 관계에 따라 어떤 특권을 가진다. 화가는 자기가 하고자 하는 것에 대해서 다소간 세밀한 생각을 품고 있으며 이러한 회화 이전의 생각은 가망성들을 불평등하게 만들기에 충분하다. 따라서 화폭 위에는 동등하고 동등하지 않은 가망성들의 서열이 있다. 그리고 불평등한 가망성이 거의 확실하게 되었을 때, 비로소 나는 그릴 수 있다. 하지만 바로 이 순간에, 내가 그리기 시작했을 때, 내가 그리는 것이 판에 박힌 것이 되지 않도록 하기 위해서 나는 어떻게 해야 할까? 그렇게 하려면 그려진 이미지 내에서 움트기 시작하는 구상을 파괴하기 위하여, 그럼으로써 형상에 어떤 기회를 주기 위하여 그려진 이미지 안에서 '자유로운 표시들'을 아주 빨리 해야 할 것이다. 이때의 형상은 비가망성 그 자체이다. 이 표시들은 느닷없는 사고적인 것이고, '우연한 것'이다. 하지만 우리는 '우연'이라는 동일한 단어가 가망성들을 지적하는 것이 아니라, 이제는 그 전의 가망성과는 전혀 관계없는 선택과 행동을 지적한다는 것을 안다.[8] 이 표시들은 전혀 재현적인 것이 아니다라고 말해질 수 있다. 그것은 이것들이 우연한 행위에 의한 것이고 눈에 보이는 이미지와 관계되는 것을 아무것도 표현하지 않기 때문이다. 이 표시들은 화가의 손과 관계할 따름이다. 하지만 단숨에 이 표시들은 그 자체로서 화가의 손에 의해 사용되기 위해서만, 다시 사용되기 위해서만 가치를 갖는다. 화가는 이 표시들을 눈에 보이는 이미지를 움트기 시작하는 판에 박힌 것으로부터 끌어내기 위해 사용할 것이고, 자기 자신을 움트기 시작하는 삽화와 서술로부터 끌어내기 위하여 사용할 것이다. 화가는 손적인 표시들을 형상이 시각적인 이미지로부터 솟아나도록 하기 위해 사용할 것이다. 이러한 사고의 처음부터 끝까지 이차적인 의미로 우연은 행

---

[8] 우연적인 혹은 우발적인 표시를 다룬 주제가 대담에서 계속 나온다. 특히 E. I, pp. 107~15를 볼 것.

위이자 선택, 다시 말해 어떤 유형의 행위 혹은 선택이 될 것이다. 베이컨에 따르면 우연이란 어떤 사용 가능성과 분리될 수 없다. 이것은 이미 인식되었거나 보인 가망성들과는 달리 다루어진 우연이다.

피우스 세르벵은 아주 재미있는 이론을 개진했다. 그 이론에서 그는 통상 혼동되고 있던 두 영역을 분할하자고 주장하였다. 하나는 가망성들인데 이것은 주어진 여건들을 말한다. 이것은 가능성을 다루는 학문의 대상으로서 던져지기 이전의 주사위들과 관계한다. 반면에 다른 하나는 우연으로서 과학적이지는 않지만 그렇다고 아직 미학적이지도 않은 어떤 선택 유형을 지적한다.[9] 여기에는 독창적인 개념이 있는데 이것은 자연스럽게 베이컨의 개념이 되는 것 같다. 바로 이 개념이 우연 혹은 더 일반적으로 예술을 오락이라고 주장하는 최근의 다른 화가들과 베이컨을 구분지어 주는 것이다. 그 까닭은 우선 주장하는 오락이 (장기처럼) 조합적인 유형인가 혹은 (질 때마다 돈을 두 배로 거는 법 없이 하는, 원반에 구슬을 굴리는 도박처럼) '한판 한판'하는 유형인가에 따라서 모든 것이 변하기 때문이다. 베이컨으로서는 원반 굴리기에 관한 문제다. 그리고 그는 여러 테이블을 가지고 동시에 게임을 한다. 예를 들어 그가 삼면화의 세 패널 앞에 있는 것과 똑같이 세 개의 테이블을 가지고 노는 것이다.[10] 하지만 바로 이것이 시각적 가망성의 주어진 여건들의 총체를 형성한다. 이 여건들이 회화적 작업 이전 것인 만큼 베이컨은 포기하고 거기에 자신을 맡겨 버린다. 그러나 이 여건들은 회화의 회화 이전 상태를 표현

---

9) Pius Servien, 『우연과 가망성(Hasard et Probabilité)』, Presses Universitaires de France, 1949 참조. '학문들의 언어'와 '서정적인 언어'로의 구분이라는 틀 안에서 작가는 과학적 대상으로서의 가망성과 과학적이거나 미학적이지 않은 어떤 선택 양식으로서의 우연을 대립시켰다.(어떤 꽃을 우연히 선택한다는 것은 '특별하지도', '가장 아름답지도' 않은 꽃을 선택한다는 것이다.)
10) E. I, pp. 99~102.(엄밀히 말해 베이컨은 원반 놀이를 가지고서 어떤 유형의 행위를 만들지는 않는다. Nicolas de Staël과 러시아 원반 놀이에 관해 그가 생각하는 바를 보기 바람. E. II, p. 107)

할 뿐 그리는 행위에는 편입되지 않을 것이다. 반면에 각각의 판에서 우연한 선택은 차라리 회화적인 것이 아닌 것, 즉 비회화적인 것이다. 그러나 이 선택이 손적인 표시들, 즉 시각적 전체를 다시 방향짓고 구상적인 가망성들의 총체로부터 가망성이 없던 형상을 도출해 내는 손적인 표시들로 구성되는 정도에 따라서 회화적인 것이 되고 그리는 행위에 편입될 것이다. 우리는 이렇게 우연과 가망성들 사이의 감지된 구분이 베이컨에게 있어서는 아주 중요하다고 생각한다. 이 구분이 그와 함께 우연에 대해 말하는 사람들과 베이컨을 대비시켰던 오해 덩어리 혹은 그를 다른 화가들과 접근시켰던 오해 덩어리를 설명해 준다. 예를 들어 사람들은 그를 뒤샹과 비교한다. 뒤샹은 그려진 화폭 위에 세 개의 실을 떨어뜨려서 그것들을 떨어진 자리에 고정시켰다. 하지만 베이컨에게 있어서 그러한 것에는 가망성의, 회화 이전적인 여건들의 총체 외에 다른 아무것도 없다. 이 여건들은 그리는 행위의 일부가 아니다. 다시 예를 들자면 누군가 베이컨에게 아무라도, 다시 말해 가정부가 우연한 표시를 할 수 있겠는가 혹은 없겠는가를 물어보았다고 치자. 그러면 이 경우 대답은 복잡하다. 물론 가정부는 권리상으로는, 추상적으로는 그것을 할 수 있다. 왜냐하면 바로 이 행위가 회화적이지 않기 때문에, 비회화적이기 때문이다. 그러나 실제로는 그녀는 그것을 할 수 없다. 그것은 그녀가 이 우연을 이용할 줄도, 그것을 다룰 줄도 모르기 때문이다.[11] 따라서 우연이 회화적으로 되거나 그리는 행위에 편입되는 것은 그것이 다루어질 때, 다시 말해 손적인 표시가 시각적인 총체 위에서 반응을 일으켰을 때이다. 그 때문에 여러 대담자들의 오해에도 불구하고 베이컨이 완강하게 '다루어진' 우연과 '사용된' 사고 외에 다른 우연이나 사고는 없다고 하는 것이다.[12]

---

11) *E*. II, pp. 50~53.
12) 베이컨은 자신의 절친한 친구들이 그가 '우연'이나 '사고'라고 부르는 것을 반박한다고 말한다.(*E*. II, pp. 53~56)

한마디로 베이컨은 판에 박힌 것과 가망성들에 대해서 동일한 태도를 취할 수 있다. 거의 히스테리컬하고 비겁한 포기로서 그는 이 포기를 가지고 하나의 속임수와 덫을 만든다. 판에 박힌 것과 가망성들은 화폭 위에 있다. 그들은 화가의 작업이 시작하기 이전에 화폭을 채우며 채워야 한다. 그리고 비겁한 포기란 화가 자신이 시작하기 이전에 화폭 안을 통과해야 하는 것으로 이루어진다. 이렇듯 화폭은 이미 가득 차 있어서 화가는 화폭 안을 통과해야 한다. 그는 그러니까 판에 박힌 것과 가망성 안을 통과한다. 그가 하고자 하는 바를 안다는 바로 그 이유 때문에 그는 화폭 안을 통과하는 것이다. 하지만 그를 구한 것은 그가 자기가 하고자 하는 바에 어떻게 이르는지를 모르는 것이다. 그는 자기가 하고 싶은 것을 어떻게 해야 할지 모른다.[13] 화폭으로부터 나옴으로써 그는 거기에 이를 수 있다. 화가의 문제는, 그가 이미 화폭 안에 있기 때문에 그 안으로 들어가는 것이 아니라,(회화 이전의 과업) 그로부터 나오는 것, 그럼으로써 판에 박힌 것과 가망성으로부터 나오는 것이다.(회화적 과업) 그에게 그럴 기회를 주는 것은 바로 손적인 표시들이다. 어떤 확실성이 아니다. 확실성이란 여전히 극대의 가망성일 것이다. 사실 손적인 표시들은 크게 성공하지 못할 수도 있다. 그리고 그림을 완전히 망쳐 버릴 수도 있다. 하지만 기회가 있다는 것은, 손적인 표시들이 회화 이전의 시각적 전체를 그의 구상적 상태로부터 끌어내어 마침내 회화적인 형상을 구성하도록 작용하는 것이다.

판에 박힌 것에 대항해서 싸울 때는 엄청난 속임수와 반복 그리고 신중함이 없이는 안 된다. 각각의 그림, 그 그림의 매 순간마다 영구히 다시 시작해야 하는 작업이다. 이것은 형상의 길이다. 형상적인 것을 구상

---

13) *E. II*, p. 66. "나는 내가 하고자 하는 바를 안다. 하지만 나는 그것을 어떻게 해야 할지 모른다."; *E. I*, p. 32. "나는 형태가 어떻게 만들어지는지 모른다……."

적인 것에 추상적으로 대비시키기는 쉽다. 하지만 계속해서 실제적인 어려움에 직면한다. 형상은 아직도 구상적이다. 형상은 여전히 누군가를, 소리 지르는 사람, 웃는 사람, 앉아 있는 사람을 재현한다. 형상은 여전히 무언가를 이야기한다. 비록 그 이야기가 초현실적이건, 머리-우산-고기이건, 울부짖는 고기이건 간에 아무튼 무언가를 여전히 이야기한다. 이제 우리는 형상과 구상적인 것의 대립이 이 둘 사이의 극히 복잡한 내적 관계 안에서 이루어진다고 말할 수 있다. 그렇지만 이 내적 관계에 의해 대립이 실질적으로 중화되거나 누그러지지는 않는다. 회화 이전적인 첫 번째의 구상적인 것이 있다. 그것은 화가가 시작하기 이전에 판에 박힌 것과 가망성으로 그림 위에, 화가의 머릿속에, 화가가 그리고 싶은 것 속에 있다. 그리고 이 첫 번째의 구상적인 것을 사람들은 완전히 제거할 수가 없다. 사람들은 언제나 그것의 무언가를 간직한다.[14] 하지만 두 번째의 구상적인 것이 있다. 이번에는 형상의 결과로서, 회화적 행위의 효과로서 화가가 획득한 것이다. 왜냐하면 형상의 현존, 그것이 바로 재현의 회복이고 구상의 재창조이기 때문이다.('이것은 앉아 있는 사람이다. 이것은 소리치는 혹은 웃는 교황이다……'.) 로렌스가 말했듯이 사람들이 첫 번째의 구상이나 사진에 대해서 비난하였던 것은 너무 '충실'하였다는 것이 아니라 반대로 충분히 충실하지 않았다는 것이다. 그리고 아무튼 유지되고 있는 구상과 되찾은 구상, 거짓으로 충실한 것과 진짜로 충실한 것인 이 두 구상은 전혀 동일한 성격이 아니다. 이 둘 사이에서, 형상 혹은 회화적 행위의 현장에서의 도약이, 현장에서의 변형이, 현장에서의 솟아남이 일어났다. 화가가 하고자 하였던 것과 한 것 사이에 필연적

---

14) *E.* II, pp. 113~114. "우리가 어떤 것을 가지고 삽화가 아닌 외양을 그린다고 말했을 때, 이 점에 있어서 나는 과장을 한 거지요. 왜냐하면 누가 원칙상 이미지가 비합리적인 표시들로써 이루어지기를 원해도, 머리나 얼굴의 특정한 부분들을 만들기 위해서는 삽화가 반드시 개입해야만 하기 때문입니다. 이러한 것은 생략할 수가 없지요. 만일 생략한다면 이것은 단순히 추상적인 구성을 하는 것이 되겠지요……."

으로 어떻게가, '어떻게 할까'가 있었다. (첫 번째 구상인) 가망성이 있는 시각적 총체가 자유로운 손적인 터치들에 의해서 분해되었고 변형되었다. 이 손적인 터치들은 시각적 총체 속에 다시 주입되어 (두 번째의 구상인) 가망성이 없던 시각적 형상을 만든다. 그리는 행위란 시각적 총체 속에 주입된 자유로운 손적인 터치들의 통일성이며 그들의 반발과 재주입의 조화이다. 이 터치를 통과함으로써 되찾은, 재창조된 구상은 출발시의 구상과 닮지 않게 된다. 그로부터 베이컨의 지속적인 공식이 나온다. 닮도록 하여라. 단 우발적이고 닮지 않는 방법을 통해.[15]

그래서 그리는 행위는 언제나 전과 후 사이에 들쑥날쑥 차이가 생겨나고 계속 요동을 친다. 그리기의 히스테리……. 회화가 시작하기 이전에 이미 모든 것이, 화가 자신마저도 화폭에 있다. 그렇지만 화가의 작업은 떨어져서 후에, 나중에밖에 올 수 없다. 손적인 작업으로부터 형상이 시야로 떠오른다…….

---

15) *E. II*, pp. 74~77.

12 사용된 돌발 표시

우리는 화가들이 하는 말을 주의해서 듣지 않는다. 화가들은 그리는 화가란 이미 화폭 안에 들어가 있다고 말한다. 거기에서 그는 화폭을 점유하고 있는, 미리 점유하고 있는, 가망성의 미리 주어진 구상적 여건들을 만난다. 화가와 이 주어진 여건들 사이에서 큰 싸움이 벌어진다. 따라서 전적으로 회화에 속하는, 그렇지만 그리는 행위에 선행하는 어떤 예비적인 작업이 있다. 이 예비적인 작업은 스케치를 통과할 수도 있지만 필수적인 것은 아니다. 스케치가 이 예비 작업을 대표하지 않을 때도 있다.(많은 현대 화가들과 마찬가지로 베이컨은 스케치를 하지 않는다.) 이 예비 작업은 눈에 보이지 않고 침묵적이다. 그렇지만 매우 강도 높은 것이다. 따라서 그리는 행위는 이 예비 작업에 비하면 일종의 후발적인 것으로('히스테리시스') 솟아난다.

이 그리는 행위는 무엇으로 구성되어 있는가? 베이컨은 이것을 다음과 같이 정의한다. 우연에 맡긴 표시들을 하기,(터치들-선들) 어느 장소나 지역들을 닦고 쓸거나 혹은 헝겊으로 문지르기,(얼룩들-색채) 여러 각도에서, 그리고 다양한 속도로 물감을 뿌리기. 따라서 이 행위 혹은 행위들은 이미 화폭 속에,(마치 화가의 머릿속에서처럼) 다소간 잠재적이고 다소간 현행적인, 기왕에 주어진 구상적인 여건들이 있다는 사실을 가정한다. 엄밀히 말하여 바로 이 주어진 여건들이 그리는 행위에 의하여 지워지거나 닦이고 쓸리며 혹은 헝겊으로 문질러지고 덮일 것이다. 예를 들어 입이 하나 있다. 사람들은 이 입을 길게 늘어뜨리고, 이 입이 머리의 한쪽 끝에서 다른 쪽 끝으로 가게 한다. 또 다른 예로 머리가 있다. 사람들은 머리의 한 부분을 솔, 비, 스펀지, 헝겊으로 문지른다. 이 결과가 바로 베이컨이 사용된 돌발 표시라고 부르는 것이다. 이것은 마치 갑자기 사람들이 머릿속에 어떤 사하라 사막과도 같은 것, 사하라 사막 같은 지역을 도입하는 것과 같다. 이것은 마치 사람들이 머릿속에 현미경으로 본 코뿔소의 피부를 펼치는 것과 같다. 이것은 마치 사람들이 머리의 두 부분을 어떤 대양으로 쪼개는 것과 같다. 이것은 마치 사람들이 측정 단위를 바꾸는 것과 같아서, 구상적인 단위를 현미경적인 단위 혹은 우주적인 단위로 대체하는 것과 같다.[1) 사하라 사막, 코뿔소의 피부, 이것이 갑자기 펼쳐진 돌발 표시다. 이것은 구상적이고 타당해 보이는 주어진 여건들 안에, 화폭 위에 내습한 대재난과도 같은 것이다.

---

1) 여기 베이컨의 매우 중요한 텍스트가 있다.(E. I, pp. 110~111)
　—비의지적인 표시들은 흔히 다른 것들보다도 훨씬 깊숙이 환기적입니다. 이 순간, 당신은 모든 종류의 일이 일어남을 느끼게 될 것입니다.
　—당신은 당신이 이러한 표시들을 하는 순간에 그것을 느낍니까?
　—아니요, 내가 하는 것이 아니라 표시들이 하려는 거지요. 그럼 사람들은 사물을 가지고 일종의 돌발 흔적을 만든 것처럼 생각합니다. 그러면 사람들은 이 돌발 흔적 안에 모든 종류의 사실들의 가능성이 주입되는 것을 보게 됩니다. 이것은 어려운 문제인데 나는 그걸 잘 표현하지 못하네요. 하지만 보세요, 예를 들어, 초상화 하나를 생각해 보세요. 어느 순간 당신은 아마도 어느 곳에다 입을 하나 그렸겠지요. 그런데 당신은 갑자기 이 입이 얼굴의 한 끝에서 다른 끝으로 갈 수도 있다는 것을 이 돌발 흔적을 통해서 보게 됩니다. 어떤 방식으로는 당신은 초상화에서 사하라 사막과도 같은 어떤 모습을 하고 싶고, 또 할 수도 있겠지요. 이것이 사하라의 모습을 포함하고 있더라도 사하라와 아주 닮은 것으로 하고 싶을 겁니다…….
　다른 구절에서 베이컨은 설명하기를, 초상화를 그릴 때 자기는 초상화 모델과는 아무 관계도 없는 사진들을 자주 들여다본다고 한다. 즉 피부의 질감을 위해서 코뿔소 사진을 본다.(E. I, p. 71)

이것은 마치 다른 세계의 솟아남과도 같은 것이다. 왜냐하면 이 표시들, 이 흔적들은 비합리적이고, 비의지적이며, 사고(事故)적이고 자유롭고, 우연에 의한 것이기 때문이다. 이것들은 재현적이고 삽화적이며 서술적이지 않다. 더군다나 이것들은 의미적이거나 의미하는 것이 아니다. 이것들은 의미적이지 않은 흔적들이다. 이것들은 감각적인 얼룩들인데, 이 감각들이란 혼동된 감각들이다.(세잔이 말했듯이 사람들이 태어날 때 가지고 오는 혼동된 감각들이다.) 그리고 특히 이것들은 손으로 된 흔적들이다. 그 때문에 화가는 헝겊, 비, 솔 혹은 스펀지로 작업하는 것이고, 그 때문에 손으로 물감을 뿌리는 것이다.[2] 그것은 마치 손이 더 이상 우리의 의지나 시각에 의존하지 않는 표시들을 하면서, 일종의 독립을 하였고, 그래서 다른 힘들을 위해 봉사하고 있는 것이다. 이러한 거의 맹목적인 손으로 된 표시들은 그러니까 구상의 시각적인 세계 속에 다른 세계의 침입을 증언한다. 이러한 표시들은 한편으로는 회화를, 이미 그 위에서 군림하고 있었으며 그래서 그림을 미리 구상적으로 만들어 버린 시각적인 구성으로부터 떼어 낸다. 화가의 손이 스스로의 종속을 뒤흔들고 이 위력적인 시각적 구성을 깨뜨리기 위해 개입하였다. 일종의 대재난 혹은 혼돈에서처럼 우리는 이제 더 이상 아무것도 보지 못한다.

바로 여기에 그리는 행위 혹은 그림의 전환기가 있다. 사실 그림이 실패할 방식으로는 두 가지가 있다. 하나는 시각적인 것이고 다른 하나는 손적인 것이다. 우리는 구상적으로 주어진 바나 재현의 시각적인 구성 속에 매어 있을 수 있다. 그렇지만 마찬가지로 돌발 표시를 그르치고 망쳐서 이 돌발 표시를 의미적인 것으로 꽉 차게 만들어서 비작동적인 것으로 만들 수 있다.(이것은 구상적인 것 속에 머물러 있는 또 다른 방식이다.

---

[2] E. II, pp. 48~49.

우리는 판에 박힌 것을 절단하고 잘못 인도하였을 따름이다…….)[3] 돌발 표시란 그러니까 비의미적이고 비재현적인 선들, 지역들, 흔적들 그리고 얼룩들 전체이다. 사용된 돌발 표시의 행위와 기능이란 베이컨에 따르면, '환기하기'이다. 혹은 더욱 엄밀히 말하여, '일의 가능성들'을 도입하는 것이다. 비트겐슈타인의 언어와 가까운 언어.[4] 흔적들과 얼룩들이 우리에게 형상을 주도록 운명지어져 있는 만큼 그것들은 더욱더 구상과는 단절해야 한다. 그 까닭에 그것들은 스스로 자족할 수가 없고 '사용되어야' 하는 것이다. 그것들은 일의 가능성들을 그리지만 아직은 어떤 일(회화적인 일)을 구성하지는 않는다. 일로 전환하기 위해, 형상으로 진화하기 위해, 이것들은 시각적인 총체 속으로 다시 주입되어야 한다. 그러니까 엄밀히 말하자면 이러한 표시들의 작용 아래서는 시각적인 총체는 더 이상 시각적인 구성의 총체가 아닐 것이며, 더 이상 구상적이지 않은 어떤 대상을, 동시에 어떤 힘을 우리 눈에 제공할 것이다.

돌발 표시란 흔적들과 얼룩들, 선들과 지역들이 작동하는 총체이다. 예를 들어 반 고흐의 돌발 표시는 직선들과 곡선들로 된 선영들의 총체로서 이것들은 땅을 들어올리거나 낮추고, 나무들을 비틀며, 하늘을 팔딱팔딱 뛰게 한다. 이러한 선영들은 1888년부터 특별한 강도를 가졌다. 우리는 돌발 표시들을 차별화할 수 있을 뿐 아니라, 한 화가의 사용된 돌발 표시의 날짜를 제시할 수도 있다. 그 까닭은 항상 화가가 돌발 표시를 훨씬 직접적으로 직면하는 순간이 있기 때문이다. 돌발 표시는 사실 일종의 혼돈이며 대재난이다. 그러나 또한 질서 혹은 리듬의 싹이기도 하

---

[3] *E.* II, p. 47. 비의지적인 표시들이 아무것도 주지 않고 그림을 망칠 가능성에 대한, '일종의 늪'.
[4] *E.* II, p. 111. "그리고 우리는 이 돌발 흔적의 내부에서 모든 종류의 사실의 가능성들을 볼 수 있지요." 비트겐슈타인은 '사실의 가능성들'을 논리로 표현하기 위하여 일종의 돌발 흔적 같은 형태를 내세웠다.

다. 이것은 구상적인 주어진 바에 비하면 격렬한 혼돈이지만, 회화의 새로운 질서에 비하면 리듬의 싹이다. 베이컨이 말하였듯이 사용된 돌발 표시는 '감각적인 영역들을 연다.'[5] 사용된 돌발 표시는 예비적인 작업을 끝마치고 그리는 행위를 시작한다. 이러한 혼돈-싹의 경험을 해 보지 않은 화가란 없으며, 그는 이 혼돈 속에서 아무것도 보지 못하고, 그 속으로 잠겨 버릴 위험이 있다. 시각적인 상관 관계들이 무너진다. 비록 이 경험이 화가의 심리적인 생에 커다란 영향을 미친다 하여도 이것은 심리학적인 경험이 아니라 순수하게 회화적인 경험이다. 화가는 여기서 그의 작품과 그 자신에 있어서 가장 커다란 위험들에 직면한다. 이것은 여러 다양한 화가들에 있어서 일종의 항상 새로 시작되는 경험이다. 세잔에게 있어서는 '심연' 혹은 '대재난'이고 이 심연이 리듬에게 자리를 넘겨주는 기회이다. 폴 클레에게 있어서는 '혼돈', 상실된 '회색 점'이며, 이 회색 점이 '스스로를 뛰어넘어' 감각적인 차원들을 열 기회이다……[6] 모든 예술 가운데 아마 회화만이 필연적으로, '히스테리컬하게' 자기 자신의 대재난을 통합하고, 그러고 나서 스스로를 앞으로의 도피로 구성한다. 다른 예술들에서 대재난은 단지 연상적일 따름이다. 그러나 화가는 직접 대재난을 통과하며 혼란을 껴안고 그로부터 빠져나오려고 한다. 화가들이 서로 다르게 되는 이유는 그들이 이 비구상적인 혼란을 껴안는 방식의 차이 때문이며, 도래하게 될 회화의 질서를 평가하고 이 질서와 혼돈의 관계를 평가하는 방식의 차이 때문이다. 우리는 아마도 이 점에 있어서 세 개의 길을 구별할 수 있을 것이다. 각각의 길은 나름대로 전혀 상이한 화가들을 재규합한다. 그러나 그러면서 회화의 '현대적인' 기능을 지정하거나 혹은 회화가 '현대인'에게 가져다주었다고 하는 것을 말한다.

---

5) *E.* I, p. 111.
6) 앙리 말디네가 이 점에서 세잔과 클레를 비교하였다.(『시선, 말, 공간』, L'âge d'homme, pp. 149~151)

(왜 오늘날에도 여전히 회화에 대해서 말해야 하는가?)

　추상은 이 길들 가운데 하나일 것이다. 그러나 이것은 심연 혹은 혼돈을, 그리고 손적인 것 역시도 최소한으로 축소시켜 버리는 길이다. 이 길은 우리에게 일종의 금욕주의, 정신적인 구원을 제안한다. 집약적인 정신의 노력을 통해서 추상은 구상적인 주어진 바들의 위로 비상한다. 그렇지만 추상은 추상적이면서 의미하는 형태들을 발견하기 위하여, 혼돈을 가지고 우리가 넘어야 할 단순한 개울 정도로 축소시켜 버린다. 몬드리안의 사각형은 구상적인 것(풍경)으로부터 나와서 혼돈 위로 뛰어넘어 버린다. 이 뜀뛰기에서 그는 일종의 휘청거림을 방어한다. 이러한 추상은 본질적으로 보여지는 것이다. 추상 회화에 대해서 사람들은 페귀가 칸트적인 도덕에 대해서 말한 것을 말하고 싶어한다. 추상 회화는 순수한 손들을 가지고 있다. 그렇지만 추상 회화는 손이 없다. 그것은 추상적인 형태들이 더 이상 손적이거나 촉각적인 요소들을 종속시키지 않은 순수하게 시각적인 새로운 공간에 속하기 때문이다. 이 손적인 촉각적 형태들은 사실, 시각적 '긴장'에 의하여 기하학적이기만 한 형태들과는 구별된다. 긴장이란 시각적인 것 속에 형태와 그 형태를 결정한 보이지 않는 힘들을 그리고 있는 손적인 힘을 내면화한 것이다. 이 긴장이 바로 형태로서 고유하게 시각적인 어떤 변형을 만드는 것이다. 따라서 추상적인 시각 공간은 고전적인 재현이 여전히 포함하고 있던, 촉각적인 숨겨진 긴장들을 더 이상 필요로 하지 않는다. 그러나 그로부터 추상 회화는, 커다란 형태적인 대비들을 좇아, 돌발 표시를 전개하기보다는 상징적인 코드를 만들어 낸다는 논리가 나온다. 추상 회화는 돌발 표시를 코드로 대체하였다. 이 코드는 '손가락적'인데, 손적이라는 의미에서가 아니라 셈을 하는 손가락적이라는 의미에서이다. 사실 '손가락들'은 대비되는 용어들을 시각적으로 재규합하는 단위들이다. 따라서 칸딘스키에 따르면, 수직적-하얀색-활동성, 수평적-검정색-정체성 등으로 코드화된다. 그로부터 선택-우연이냐 우연이냐를 대신할 이원적인 선택 개념이 나온다. 추상 회화는 이러한 순수 회화적인 코드의 세공화를 아주 멀리 밀어붙였다.(에르뱅의 「회화적 알파벳」에서는 형태들과 색채들의 분배가 한 어휘의 문자들에 따라서 행해질 수 있다.) 오늘날 회화의 문제, 즉 '심연'이나 외적인 혼란 혹은 손적인 혼돈으로부터 무엇이 인간을 구할 수 있는가라는 문제에 대답할 책임을 지고 있는 것은 추상적 코드이다. 추상적 코드란 손이 없는 미래의 인간에게 정신적인 어떤 상태를 열어 주는 것으로서, 인간에게 내적이고 순수한 시각적인 공간, 아마도 절대적으로 수평과 수직으로만 만들어졌을 공간을 다시 주는 것이다. "현대인은 휴식을 찾는다. 왜냐하면 그는 외부에 의하여 둔감하게 되었기 때문에……."[7] 손은 내적인 시각적 자판기를 두드리는 손가락으로 축소된다.

두 번째 길은 흔히 추상 표현주의 혹은 비형태적인 예술이라고 명명하였던 것인데, 아주 멀리서 전혀 다른 대답을 제안한다. 이번에는 심연 혹은 혼돈이 극대화되어 전개된다. 약간 과장하면 대상만큼이나 큰 지도와 같은 것으로서 돌발 표시는 그림 전체와 혼동된다. 그림 전체가 사용된 돌발 표시이다. 시각적인 기하학이 전적으로 손적인 선을 위하여 무너진다. 눈은 따라가기가 힘들다. 사실 이러한 회화의 비할 수 없는 발견물은 선(그리고 얼룩-색채)으로서 이것은 외관을 그리는 것이 아니며, 안에서나 밖에서나, 오목하게나 볼록하게나 어떤 대상도 한계 짓지 않는다. 폴록의 선, 모리스 루이의 얼룩. 북쪽 지방의 얼룩이자 '고딕적인 선'이다.

---

7) 손적인 것을 제거하는 이러한 경향은, 사람들이 한 작품에 대해 다음과 같이 말하는 한에서는 회화에서 항상 현존했다. "사람들은 거기에서 더 이상 손을 느끼지 못한다……." 포시용은 이러한 경향을 "금욕주의적인 검소"라고 분석하고 이것이 추상 회화에서 절정을 이룬다고 한다.(『형태들의 생, 손의 찬가(Vie des formes, éloge de la main)』, PUF, pp. 118~119) 그러나 포시용이 말하듯이 그럼에도 손이 느껴진다. 진짜 몬드리안 작품과 가짜를 구별하기 위하여 조르주 슈미트는 사각형의 검은 두 면의 교차나 직각에서의 색 층리들의 배치를 주장하였다.("Réunion des musées nationaux", *Mondrian*, P. 148)

선은 한 점에서 다른 점으로 가는 것이 아니라 점들 사이를 지나고 쉴 새 없이 방향을 바꾸며 1보다 더 우세한 어떤 힘에 도달한다. 그럼으로써 모든 표면에 적합한 것이 된다. 이러한 관점에서는 과거의 추상이란 여전히 구상적이었다는 사실을 이해할 수 있을 것이다. 왜냐하면 그 선이 아직도 어떤 외관을 그리고 있었기 때문이다. 만약에 이러한 새로운 길, 다시 말해 구상적인 것으로부터만 단호히 빠져나오는 방식에 있어서 선구자들을 찾고자 한다면, 바로 다음과 같은 모든 경우에 해당하는 화가들을 보면 될 것이다. 즉 '사물들 사이를 그리기 위해'[8] 더 이상 사물들을 그리기를 멈춘 위대한, 아주 오랜 옛적의 화가들을 말한다. 더구나 터너의 최종적인 수채화들은 벌써 인상주의가 가진 모든 힘들을 정복했을 뿐만 아니라, 폭발적이며 주변이 없는 선의 힘을 정복하였다. 이 선은 회화 그 자체를 가지고서 (낭만적으로 대재난의 광경을 그려 보여 주는 대신에) 무엇에도 필적할 것이 없는 대재난을 만든다. 그리고 사실 이러한 선은 회화를 이런 식으로 선택하고 떼어 놓았을 때 회화가 가진 가장 놀랄 만한 어떤 불변 요소들 가운데 하나가 아닐까? 칸딘스키에게서는 기하학적인 추상적 선들 옆에 외양을 그리고 있지 않는, 제멋대로 떠돌아다니는 선들이 있었으며, 몬드리안에게 있어서는 사각형의 두 면의 고르지 않은 두께가 잠재적이면서도 외양을 그리지 않는 어떤 사선을 향해 열리고 있었다. 하지만 폴록에게서는 단순한 추상과는 달리 이러한 터치-선과 얼룩-색이 그 기능의 끝까지 이르게 된다. 더 이상 형태의 변형이 아니라 우리에게 자신이 선으로 되어 가는 특성과 또 어떤 알맹이로 응결되어 가는 그 원초적인 힘을 보여 주는 물질의 해체이다. 이것은 따라서 회화가 회화-대재난이 됨과 동시에 회화-사용된 돌발 표시가 되는 것이다. 이 경우에는 대재난과 훨씬 더 가까이에서, 절대적인 인접성 속에서 현대

---

8) 벨라스케스에 관한 엘리 포르의 유명한 텍스트, 『회화의 역사, 근대 회화 I』(Poche판, pp. 167~177) 참조.

인은 그 대재난의 리듬을 발견한다. 우리는 여기서 회화의 '현대적인' 기능이란 무엇인가라는 질문에 대한 대답이 추상화가의 대답과 얼마나 다른가를 알 수 있다. 이 경우에 있어서 무한을 주는 것은, 내적인 세계관이 아니라, 화폭의 한 끝에서 다른 끝으로 '전면을 덮는' 손 힘의 확장이다.

대재난과 사용된 돌발 표시의 합일 안에서 인간은 물질과 재료로서의 리듬을 발견한다. 화가는 이제 더 이상 연장으로서 붓과 이젤을 가지지 않는다. 이러한 것들은 여전히 손이 시각적 구성의 강요에 매여 있다는 것을 말해 주던 것이었다. 손은 해방되어서 막대기나 스펀지 걸레조각 그리고 주사기 등을 사용한다. 액션 페인팅은 화폭 주변에 혹은 화폭 안에 있는 화가의 '발작적인 춤'이다. 화폭은 이젤 위에 펼쳐져 있는 것이 아니라 땅 위에 펼쳐지지 않고 못 박혀 있다. 왜냐하면 전통적인 수평적 지평선이 땅바닥으로 전환되었기 때문이다. 즉 시각적 수평선은 완전히 만질 수 있는 땅바닥으로 뒤덮이게 되었다. 사용된 돌발 표시는 한번에 회화 전체를 표현한다. 다시 말해 시각적인 대재난과 손적인 리듬을 표현한다. 그리고 현재 진행되고 있는 추상 표현주의의 전개는 폴록에게 있어서는 아직 은유에 불과하였던 것을 실현하면서 이러한 진행을 완성한다. 1) 돌발 표시를 화폭의 공간적이고 시간적인 전체에까지 확장한다.('전'과 '후'의 뒤바꿈) 2) 만들어지고 있는 과정 중의 화폭에 대한 모든 시각적인 것, 더 나아가 시각적 콘트롤의 포기.(화가의 실명) 3) 선들 '이상'인 선들의 제작, 면들 '이상'인 면들의 제작, 혹은 거꾸로 체적 '이하'인 체적의 제작.(칼 앙드레의 편평한 조각들, 리망의 섬유들, 바레의 얇은 껍질들, 본느푸아의 지층들.)[9]

이러한 추상 표현주의에 대한 분석을 그렇게 멀리 밀고 나갔던 미국의

---

9) 이러한 새로운 장님적인 공간들에 대해서는 크리스티앙 본느푸아의 리망에 대한 분석이나 이브-알렝 부아의 본느푸아에 대한 분석을 볼 것.(Macula 3~4, 5~6)

비평가들이 이것을 '현대인'의 고유한 특성인, 순수하게 시각적인, 배타적으로 시각적인 공간의 창조로서 규정하였다는 것은 참으로 재미있는 일이다. 우리가 보기에 이것은 일종의 언어 토론이고 언어의 모호함이다. 미국 비평가들은 사실 회화 공간이 고전적인 삼차원적 재현에서 깊이와 윤곽, 형태와 배경을 보도록 하였던 상상적 촉지의 모든 대상물들을 상실하였다는 것을 말하고자 하였다. 그런데 고전적 재현의 이 촉지적인 대상물들은 손이 눈에, 손적인 것이 시각적인 것에 상대적으로 종속함을 표현하였다. 반면에 사람들이 (잘못하여) 순수하게 시각적이라고 주장하는 어떤 공간을 해방하면서 사실 추상 표현주의자들은 배타적으로 손적인 공간을 보도록 하는 것 외에 다른 것을 한 것이 아니었다. 이 공간은 화폭의 '평면성', 그림의 '불투과성', 색채의 '동작성'에 의해 정의되는데, 이것은 눈에게 절대적으로 낯선 어떤 힘으로서 자신을 강요한다. 눈은 여기서 어떠한 휴식도 발견하지 못한다.[10] 이것들은 더 이상 시각적인 촉지 대상물들이 아니다. 왜냐하면 보이는 것의 손적인 공간이고 그것은 바로 눈에 가해진 폭력이기 때문이다. 극단적으로 말하자면 순수하게 시각적인 공간을 생산하였고, 정신적 눈을 위해 촉지적인 대상물들을 제거하였던 것은 추상 회화이다. 추상 회화는 고전적 재현에서 눈이 손에게 명령하기 위해 아직 가지고 있던 얼룩을 제거해 버렸다. 하지만 액션 페인팅은 전혀 다른 것을 하였다. 액션 페인팅은 고전적인 종속을 뒤집었

---

10) 폴록, 모리스 루이, 뉴먼, 노랜드 등의 공간을 분석했던 사람으로는 우선 클리먼트 그린버그(『예술과 문화(*Art and Culture*)』, Boston, 1961)와 미카엘 프라이드("Trois peintres américains", *Peindre Revue d'Eshétique* 1976, 10~18)가 있다. 그들은 이 화가들을 "엄밀한 시각성"으로 정의하였다. 이러한 정의는 아마도 이 비평가들에게 있어서는 하롤드 로젠버그가 액션 페인팅을 세례하면서 언급하였던 초미학적 기준들과 단절하는 문제였을 것이다. 그들은 언급하기를 폴록의 작품들이 아무리 '현대적'이라 하더라도 우선 그림들이라는 것이다. 따라서 그림이라는 측면에서 형태적인 기준들에 예속될 수 있다는 것이다. 하지만 문제는 시각성이 이 작품들에 대한 좋은 기준이 되느냐는 것. 프라이드는 아마 의구심을 품기는 한 것 같은데 살짝 언급만 하고는 너무 급히 지나쳐 버렸다.(pp. 283~287 참조) '액션 페인팅'이라는 용어는 미학적으로 정확히 밝혀질 수 있다.

다. 즉 눈이 손에게 종속하게 하였고, 손을 눈에게 강요하였으며, 수평선을 땅바닥으로 대체하였다.

현대 회화의 가장 깊숙한 경향들 중의 하나는 이젤을 버리는 경향이다. 그 까닭은 이젤이 구상적인 외양을 유지하고, (모티프 찾기와 같이) 화가와 자연과의 관계에 있어서 결정적인 요소일 뿐만 아니라, (틀, 변두리 등과 같이) 그림의 범위를 제한하고 (깊이를 나타내고 원근을 나타내는) 그림의 내적 구성에 있어서도 결정적인 요소이기 때문이다. 따라서 오늘날 중요한 것은 화가가 이젤을 버렸다는 사실보다도(화가가 아직도 이젤을 가지고 있는가?) 그 경향이며 그 경향이 행해지는 여러 다양한 방법들이다. 몬드리안 유형의 추상에서는 그림이 어떤 유기체가 되거나 어떤 고립된 구성이 되기를 멈추고 자기 자체 표면의 분할이 되고자 한다. 이 그림은 자신이 자리를 잡게 될 '방'의 분할들과 자신과의 관계들을 창조하여야 한다. 이러한 의미에서 몬드리안의 그림은 전혀 장식적이지 않고 건축 기술적이다. 그럼으로써 이 회화는 벽면에 그리는 회화가 되기 위해 이젤을 떠난다. 폴록과 다른 사람들이 터놓고 이젤을 거부하는 방식은 전혀 다르다. 이번 경우에는, 회화들 '전부를 망라한' 회화들을 하면서이고, (보링거의 의미로) 고딕 선의 비밀을 재발견하면서이며, 동일한 가능성들의 한 전체 세계를 회복시켜 주면서이다. 여기서의 선들은 그림의 한 끝에서 다른 끝으로 가며, 틀 밖에서 시작하고 틀 밖으로 쫓아간다. 이 그림들은 직관의 수준에까지 도달한 반복의 힘을 대칭과 구성적 중심 대신에 내세운다. 이것은 더 이상 이젤을 가진 회화가 아니라, 땅바닥에 직접 그리는 회화이다.(프랑스어로 이젤(chevalet)과 거의 동음인 진짜 말(cheval)들은 땅바닥 외의 다른 수평선을 가지고 있지 않다.)[11] 그런데 이외에도 사실은 이젤과 단절하는 여러 가지 방법들이 있다. 베이컨의 삼면화도 앞의 두 방법과는 판이하게 다른 이 단절 방법들 가운데 하나이다. 그리고 베이컨에게 있어서는 삼면화에게 옳은 것은 다른 독립된 그림 각각에게도 옳다. 다른 독립된 그림들도 어떤 면에서는 항상 삼면화처럼 구성되기 때문이다. 우리가 보았듯이 삼면화에서는 세 그림의 각 변두리가 단절하고 분할하면서도 고립되기를 멈춘다. 여기에는 결합-분할이 있는데, 이것은 자신의 수법들을 추상과 비구상의 수법들과는 다르도록 만드는 베이컨의 기술적 해결책이다. 다시 '고딕적'으로 되는 세 가지 방식?

사실 중요한 것은 왜 베이컨이 앞선 길들 가운데 하나를 택하지 않았는가이다. 그의 단호한 반발은 앞선 길들에 대한 비난이라고 주장하지는 않더라도 이것들이 그에게 적합하지는 않다고 말할 수는 있다. 즉 왜 베이컨이 개인적으로 이 길들 가운데 하나를 택하지 않았는가를 말하고 있다. 한편으로 베이컨은 비의지적인 돌발 표시 대신에 정신적인 시각적 코드로 대체하려고 하는 회화에 의해 끌리지 않았다.(비록 이 태도 속에는 예술가의 모범적인 태도가 있다 하더라도.) 코드란 어쩔 수 없이 두뇌적이다. 그래서 감각이나 추락의 본질적인 현실, 다시 말해 신경 시스템에 대한 직접적인 행동이 결여되어 있다. 칸딘스키는 추상 회화를 '긴장'으로 정의했다. 하지만 베이컨에 따르면 추상 회화에서 가장 결여된 것은 바로 긴장이다. 긴장을 시각적인 형태 속에 내재화함으로써 추상 회화는 긴장을 중화시켰다. 그래서 결국 추상적으로 되었기 때문에 코드란 단지 구상적인 것의 상징적 코드화가 될 위험이 있다.[12] 다른 한편으로, 베이컨

---

11) 그린버그는 특히 폴록에게 있어서의 이러한 이젤 버리기의 중요성에 대해 말하였다. 그러면서 그는 '고딕적'인 테마를 들먹였지만, 고딕적이라는 말이 보링거의 분석과 관련해 가질 수 있는 꽉 찬 의미를 주지는 못한 것 같다.(폴록의 한 그림은 정확히 '고딕적'이라고 명해졌다.) 그리고 그린버그는 '이젤 회화' 혹은 '벽면 회화' 외에 다른 대체 회화를 알지는 못한 것 같다.(그런데 우리가 보기에 '벽면 회화'란 차라리 몬드리안의 경우에 해당할 것 같다.) "dossier Jackson Pollok", *Macula* 2 참조.
12) 베이컨은 추상화가 '한 수준에만' 머물러 있으며 '긴장'을 망쳤다고 수차 비난한다.(*E.* I, pp. 116~117) 마르셀 뒤샹에 대해서도 베이컨은 그의 그림 대해서보다는 그의 태도 때문에 좋아한다고 말할 것이다. 사실 뒤샹의 그림은 베이컨에게는 어떤 상징적인 것 혹은 '구상의 속기술'처럼 보인다. (*E.* II, p. 74)

은 서정 추상에 의해서도, 다시 말해 윤곽을 그리지 않는 선의 힘과 신비에 의해서도 별로 끌리지 않는다. 그것은 돌발 표시가 그림 전체를 휘어잡고, 그것의 창궐이 진짜 '혼란'을 일으키기 때문이다. 막대기, 솔, 빗, 헝겊조각, 그리고 제과점의 분무기 등 액션 페인팅이 사용하는 모든 격렬한 수단들은 회화-대재난 속에서 고삐가 풀린다. 이 경우 감각은 물론 잘 도달한다. 하지만 감각은 되돌이킬 수 없이 혼란한 상태로 남을 따름이다. 베이컨은 돌발 표시가 너무 창궐하는 것을 막을 절대적 필요에 대해, 그리고 돌발 표시를 그림의 한 영역 속에 집어넣고 이어서 그리는 행위의 어떤 순간들 안에서 잡고 있을 필요에 대해 쉴 새 없이 말할 것이다. 그는 비이성적인 특징과 주변 없는 선의 영역에 있어서 미쇼가 폴록보다 한 발 앞서 있다고 생각한다. 그 까닭은 미쇼는 바로 돌발 표시에 대한 제압을 지키고 있기 때문이다.[13]

윤곽을 살리는 것보다 베이컨에게 더 중요한 것은 없다. 어떠한 것의 경계도 짓지 않는 선은 그래도 최소한 자신의 윤곽은 가지고 있다. 블레이크는 최소한 그것을 알고 있었다.[14] 따라서 돌발 표시는 그림 전체를 갉아 먹지 말아야 하고 공간과 시간 속에서 제한되어 있어야 한다. 돌발 표시는 생산적이고 통제되어야 한다. 격렬한 수단들은 고삐가 풀리지 말아야 하며 필수적인 대재난은 전체를 다 삼키지 말아야 한다. 돌발 표시는 사실의 가능성이지 사실 그 자체는 아니다. 모든 구상적 여건들이 사

---

13) *E.* II, p. 55. "나는 중부 유럽 회화의 이러한 종류의 혼란을 싫어한다. 이것이 바로 내가 서정 표현주의를 진짜 좋아하지 않는 이유 가운데 하나이다."; *E.* I, P. 120. "미쇼는 아주, 아주 영리하고 의식 있는 사람이다. ……나는 그가 지금까지 만든 얼룩주의적인 혹은 자유로운 표시들의 작품들 가운데 가장 좋은 작품들은 그가 만들었다고 생각한다. 나는 이 영역에서, 즉 자유로운 표시들에 있어서는 그가 잭슨 폴록보다 훨씬 우월하다고 생각한다."

14) Bateson, 『정신의 생태학을 향하여(*Vers une écologie de l'esprit*)』, I, Seuil, pp. 46~50 (「왜 사물들은 윤곽을 가지고 있는가?」) 참조. 블레이크를 미치게, 광적으로 미치게 혹은 분노케 만들었던 것은 사람들이 그를 미쳤다고 여기는 사실이었다. 그리고 또 그를 화나게 하는 자들은 "마치 사물들이란 윤곽을 가지고 있지 않은 것처럼 그리던 예술가들이었다. 그는 그들을 '신물나는 자들의 학파'라고 불렀다."

라져 버려서는 안 된다. 특히 새로운 구상, 형상의 구상은 돌발 표시로부터 빠져나와야 하고, 감각을 명확함과 엄밀함으로 데리고 가야 한다. 대재난으로부터 빠져나와야 한다……. 결국 마지막에 물감을 뿌리는 것으로 끝을 맺을지라도, 그것은 우리를 처박히게 하는 것이 아니라 우리를 빠져나오게 하는 지엽적인 '채찍질'과 같은 것이다.[15] 최소한 '말러리슈' 시절에는 돌발 표시가 그림 전체에 퍼져 있다고 말해야 하지 않을까? 그림의 표면 전체가 풀과 같은 줄이나 커튼으로 작용하는 다양하고 어두운 얼룩-색채로 줄쳐져 있지 않은가? 하지만 그때에도 감각의 엄밀함, 형상의 명료함, 윤곽의 엄격함이 얼룩이나 줄들 아래에서 계속 움직이고 있었다. 얼룩이나 줄들은 이것들을 지워 버리는 것이 아니라 오히려 거기에 진동과 비국지화의 힘을 주었다.(웃는 혹은 고함치는 입.) 그리고 차후 시기에 베이컨은 다시 줄들을 우연에 국한시키고 닦인 지역을 국한한다. 따라서 베이컨은 추상 회화처럼 시각적인 길도 아니고, 액션 페인팅처럼 손적인 길도 아닌 제3의 길을 따른다.

---

15) *E*. II, p. 55. "당신은 결코 그 위에 느닷없이 뭔가를 던짐으로써 그림을 마치지는 않겠지요? 아니, 그렇게 하겠습니까? ─오 그렇지요! 최근의 이 삼면화 속에서, 변기에 토하고 있는 인물의 어깨 위에, 그러한 식으로 던져진 백색 물감과 같은 채찍질이 있지요. 나는 그것을 맨 마지막에 하였습니다. 그리고 그걸 그냥 놓아 두었어요."

13 유사성

돌발 표시를 완화해서 사용하는 중용적인 길이 있을 것이다. 이때 돌발 표시는 코드의 상태로 축소되지 않을 것이고 그렇다고 전체 그림을 다 차지하지도 않을 것이다. 코드와 혼란을 동시에 피한다……. 그렇다면 중간을 따르는 현명함이나 고전주의적 중용의 미학에 대해 말해야 할까? 하지만 세잔이 중용적인 길을 택했다고 믿기는 어렵다. 오히려 그는 앞서 말한 현명함이나 고전주의와는 다른 특수한 길을 발명했었다.

세잔만큼 무질서와 대재난을 강렬하게 경험한 화가도 없다. 그리고 그는 어떤 대가를 치르더라도 이러한 것을 제한하고 조절하기 위해 투쟁하였다. 무질서와 대재난은 모든 구상적 여건들의 붕괴이다. 따라서 이것은 이미 일종의 투쟁, 판에 박힌 것에 대항한 투쟁이고 예비 작업이다.(우리가 더 이상 '결백하지' 않은 이상 더욱 필요한 예비 작업이다.) 그리고 우선 '고집스런 기하학', '지질학적인 선들'이 나온 것은 바로 이 무질서로부터이다. 그리고 이 기하학 혹은 지질학도, 색들이 올라오고 지구가 태양을 향해 오르기 위해서는, 대재난을 통과하여야 한다.[1] 결국은 두 개의

---

1) Jérôme Gasquet, 『세잔과의 대화(*Conversation avec Cézanne*)』, critique PM. Doran, coll. Macula, pp. 112~113.(가스케의 텍스트 가치에 관해 편집자가 한 유보들은 우리가 보기에 설득력이

순간들을 가진 하나의 시간적인 돌발 표시이다. 하지만 이 돌발 표시는 이 두 순간들을 분리할 수 없도록 함께 결합한다. 즉 거기서 기하학은 '뼈대'이고 색채는 감각, 즉 '착색 감각'이다. 이 돌발 표시는 정확히 세잔이 모티프라고 부른 것이다. 실제로 그 모티프는 두 가지로, 즉 감각과 뼈대로 만들어진다. 이 모티프는 이 둘의 얽힘이다. 하나의 감각 혹은 하나의 관점은 모티프를 만들기에 충분하지 않다. 비록 착색적이라도 감각은 일시적이고 혼동스럽다. 감각은 지속적이지 못하고 명쾌하지 않다. (그로부터 인상주의에 대한 비난이 나온다.) 하지만 뼈대는 더욱더 불충분하다. 뼈대는 추상적이다. 기하학을 구체적으로 혹은 느껴진 것으로 만들고 동시에 감각에게 지속과 명확함을 주어야 한다.[2] 그러면 모티프 혹은 돌발 표시로부터 무언가가 나오게 될 것이다. 혹은 차라리 기하학을 감각적인 것으로, 감각을 지속과 명확함으로 가져가는 작업의 빠져나옴이고 출구이다. 그로부터 두 가지 질문이 생긴다. 무엇이 모티프나 돌발 표시 속에서 이 관계를 가능하게 하는가.(일적인 가능성) 그리고 이 관계는 돌발 표시로부터 나오면서 어떻게 구성되는가?(일 그 자체)

없다. 우리가 보기에는 이 텍스트를 자신의 세잔에 대한 해설에서 중심 서적으로 생각한 말디네가 옳다.)
2) 세잔이 인상주의자들에게 던진 두 가지 비난은, 보통 그들이 색을 다룸에 있어서 혼돈된 상태에 머문다는 것과 또 모네와 같이 가장 훌륭한 인상주의자들도 순간적인 상태에 머문다는 것이다. "나는 인상주의를 가지고 박물관의 예술처럼 단단하고 지속적인 것을 만들기를 원했다. …… 모든 것의 달아남 속에, 모네의 그림들 속에 어떤 단단함을, 언제나 현재인 어떤 뼈대를 놓아야 한다……." 세잔이 주장한 단단함이나 지속은 그곳으로 감각이 인도된 명확한 상태와 동시에 회화적 재료, 그림의 구조, 색채의 취급 등으로 이해되어야 한다. 예를 들어, 어떤 관점은 모티프를 이루지 못한다. 그것은 관점에 필수적으로 있어야 하는 단단함과 지속이 결여되어 있기 때문이다.("나는 여기서 아름다운 두 개의 관점을 가지고 있다. 그렇지만 이것은 전혀 모티프를 이루지 못한다." *Correspondance*, Grasset, p. 211) 우리는 베이컨에게서도 지속과 명증함에 대한 동일한 요구를 발견한다. 그러나 베이컨으로서는 자신을 더 이상 인상주의와 대비시키지 않고 서정 추상주의와 대비시킨다. 그리고 '이 지속 능력'을 그는 우선 재료와 결부시킨다. "껌으로 만들어진 스핑크스를 상상해 보시오……."(*E. I*, p. 113) 베이컨은 특히 유화를 오랫동안 지속되는 동시에 높은 명증성의 매개라고 생각한다. 하지만 지속력은 또한 뼈대나 골격 그리고 색채의 특수한 취급에도 달려 있다.

첫 번째 질문은 사용에 관계된다. 왜냐하면 기하학이 회화에 속한 것이 아니라 하더라도 기하학을 고유하게 회화적으로 사용하는 여러 가지 방법이 있다. 우리는 이 사용들 가운데 하나를 '손가락적'이라고 불렀다. 그러나 이 명칭은 직접 손적인 개념에 의거하지 않으며, 차라리 어떤 코드의 기본적 단위 개념에 의거한다. 다시 말하자면 이러한 기본적 단위들 혹은 기본적인 시각적 형태들은 그것들이 자신들을 생산한 손의 움직임을 내재화함에 따라서 수학적인 것이 아니라 미학적인 것으로 된다. 이제 이것들이 회화의 코드를 형성하고 또 회화를 가지고 하나의 코드를 만드는 문제가 남는다. 추상 회화와 가까운 바로 이런 의미에서 세뤼지에의 다음 문장을 이해해야 한다. "종합한다는 것은 모든 형태들을 직선이나 몇몇의 각들, 호나 타원형과 같이 우리가 생각할 수 있는 작은 수 효의 형태 속으로 들어가게 하는 것으로 구성된다." 종합이란 따라서 일종의 요소들의 분석이다. 반면에 세잔이 화가로 하여금 "자연을 실린더, 구, 원뿔로서, 하나의 시점 속에 놓인 전체로서 취급하라고" 권유할 때, 사람들이 받은 인상은, 추상 화가들이 거기서 세잔이 자기들에 대해 어떤 축하의 기도 같은 것을 해 주었다고 잘못 생각하였다는 것이다. 왜냐하면 세잔은 육면체를 제외한 볼륨적인 것들에 강조를 두었을 뿐만 아니라, 특히 기하학의 사용을 회화 코드의 사용과는 전혀 다르게 제안하기 때문이다.[3] 실린더는 (양철공의 손으로부터 나온) 연통관이며, (그의 팔 등 잡다한 것은 중요치 않은) 바로 그 사람이다. 오늘날의 용어를 따르자면 세잔은 기하학을 부호적으로 사용한 것이 아니라 유사하게 사용했다고 말할 수 있을 것이다. 돌발 표시나 모티프는 유사적이고 코드는 부호적이다.

'유사적 언어'는, 사람들이 말하길, 오른쪽 뇌 혹은 더 좋다면 신경 시

---

[3] 제롬 가스케, 앞의 책, pp. 177~179. 여기서 모리스 드니는 세뤼지아를 인용하는데, 이는 바로 그를 세잔과 대립시키기 위한 것이다.

스템에 속하고, '부호적 언어'는 왼쪽 뇌에 속한다. 유사적 언어는 표현적인 운동, 측면 언어적 기호들, 숨결, 고함 등을 포함하는 관계적 언어일 것이다. 이것이 엄밀히 말하여 언어인가라는 질문이 제기될 수 있다. 하지만 예를 들어 아르토의 극이 고함-숨결을 언어의 상태로 올려놓았다는 데는 의심의 여지가 없다. 더 일반적으로 회화는 색채와 선을 언어의 상태로 올려놓았다. 그리고 이것은 유사적 언어이다. 나아가 사람들은 회화가 줄곧 훌륭한 유사적 언어였지 않은가라고 자문해 볼 수도 있을 것이다. 우리가 동물들의 유사적 언어에 대해 이야기할 때면, 있을 수도 있을 그들의 노래는 고려하지 않는다. 동물들의 노래는 다른 영역에 속하기 때문이다. 하지만 우리는 고함, 다양한 색채들, 선들(태도, 자세) 등은 본질적으로 유사적 언어 속에 넣는다. 따라서 부호적인 것을 관습적인 것으로 정의하고, 유사적인 것을 유사성 혹은 닮음으로 정의하고자 할 수도 있을 우리의 일차적 유혹은 명백히 잘못 근거한 것이다. 한 단어가 그것이 지적하는 것과 조금도 닮지 않았듯이 고함은 그것이 신호하는 것과 조금도 닮지 않았다. 그러면 사람들은 유사적인 것을 어떤 '명증성'으로, 즉각적으로 부여되는 어떤 현존으로 정의하고, 부호적인 것은 학습이 필요하다고 정의한다. 하지만 이러한 정의라고 해서 더 나을 것이 없다. 그것은 유사적인 것 역시 동물에게서조차 학습이 필요하기 때문이다. 비록 이 학습이 부호적인 것을 배우는 것과 같은 유형은 아닐지라도. 유사적인 것이 언어가 되기 위해서는 아주 오랜 학습 기간이 필요하다는 것을 확인하는 데는 회화의 존재만 보아도 충분하다. 이 문제는 딱 잘라 어떤 이론으로 말해질 수 없고 그 대신 실증적인 연구의 대상이 되어야 한다.(회화의 위상은 이 연구에 달려 있다.)

따라서 우리는 유사적 언어가 닮음에 의해 작용하고 부호적 언어가 코드와 관습 그리고 관습적 단위의 결합에 의해 작용한다고 말하는 것으로 만족할 수는 없다. 왜냐하면 코드만 가지고서도 우리는 최소한 세 가지의 일을 할 수 있기 때문이다. 첫째, 우리는 추상적 요소들 상호간에 친화력이나 유사성에 의해 이루어지는 내재적 결합을 할 수 있다. 둘째, 우리는 '메시지'나 '스토리'를 주게 될 결합을 할 수 있다. 즉 이렇게 이루어진 결합은 그가 지시하는 대상 전체와 동위원소적인 관계 속에 있을 것이다. 마지막으로 우리는 코드 외적인 요소들이 코드 내적인 요소들에 의하여 독립적으로 재생되도록 코드 외적인 요소들을 코드화할 수 있다. (예를 들면, 컴퓨터로 만들어진 초상화, '구상적 여건들의 속기'에 대해 말할 수 있는 모든 경우.) 따라서 부호적 코드도 어떤 닮음이나 유사성의 형태들을 띨 수 있다. 즉 동위원소에 의한 유사와 생산된 것의 닮음에 의한 유사성이다.

하지만 거꾸로 유사성이 어떤 코드와도 상관 없다 하더라도, 그 닮음이 제작적인가 혹은 생산된 것인가에 따라 두 형태를 구분할 수 있다. 한 사물의 요소들 사이의 관계들이 다른 사물의 요소들 사이의 관계들로 직접 넘어가게 되면, 그 닮음은 제작적이다. 이 경우 두 번째 사물은 첫 번째 사물의 이미지가 될 것이다. 즉 빛의 관계들을 포착하는 사진이 그렇다. 이미지가 처음의 대상과 큰 차이가 날 정도로 이 관계에 여유가 있다 하여도 별 상관없다. 이러한 차이는 느슨한 닮음에 의해 이루어지는데, 느슨하게 닮게 되었던 이유가 조작하는 중에 풀리기도 하고 결과가 좀 변형될 수도 있기 때문이다. 따라서 이러한 경우 유사성은 구상적이고, 닮음이란 구상의 첫 번째 원칙이다. 사진은 그의 모든 야심에도 불구하고 이 한계를 피할 수 없다. 반대로 닮음이 자신이 재생하도록 되어 있는 관계들과는 전혀 다른 관계들의 결과처럼 느닷없이 나타날 때, 그 닮음은 생산된 것이다. 즉 닮음은 전혀 닮지 않은 수단들의 느닷없는 산물로서 솟아오른다. 이것은 이미 코드적인 유사성들 가운데 하나였다. 그것은 코드가 자기 자신의 내적 요소들의 기능에 의해 닮음을 복원하였을 때이다. 하지만 이 경우에는 재생해야 할 관계들 자체가 코드화되어 있었을 때에 한한다. 하지만 지금은 재생해야 할 관계들이 아무 코드도 없이 전혀 다른 관계들에 의해 직접 생산된 경우이다. 즉 닮지 않은 수단들에 의해 닮도록 한다. 이 마지막 유형의 닮음에서는 감각적인 닮음이 생산된다. 하지만 상징적으로, 즉 코드라는 우회로를 통해서 생산된 것이 아니라, 감각에 의해서 '육감적으로' 생산된다. 애당초의 닮음도 없고 미리 전제된 코드도 없는 이 마지막 유형에 구상적이지도 않고 코드화되지도 않은 미학적 유사라는 이름을 남겨 놓아야 한다.

퍼스는 그의 기호학적인 이론 속에서 우선 아이콘을 닮음으로 정의하고 상징을 관습적인 규범으로 정의한다. 하지만 그는 관습적 상징도 (동위소적인 현상 덕택에) 아이콘을 포함하고 있으며 순수한 아이콘도 질감적인 닮음을 훨씬 넘쳐흐르며 '돌발 표시들'을 포함하고 있다는 사실을 인정한다.[4] 하지만 유사적 돌발 표시가 무엇인가는 부호적 혹은 상징적 코드와 대립해서 설명하기 어려운 채로 남아 있다. 오늘날 우리는 신시사이저의 음향적인 예에 의거할 수 있다. 유사적으로 작용하는 신시사이저는 '변조적'이다. 유사적 신시사이저는 이질적인 요소들을 즉각적으로 연결한다. 이 요소들 사이에는 무한한 결합 가능성이 있다. 어떤 현재의 영역 혹은 제한된 평면 안의 모든 순간들이 현행적이고 감각적으로 느껴진다. 반면에 부호적 신시사이저는 '통합적'이다. 그 작용은 데이터의 코드화, 동질화 그리고 이원화를 거친다. 이 작업들은 원칙적으로는 무한하지만 명확하게 구분된 평면 위에서 행해지며, 여기서는 전환-번역에 의해 감각된다. 두 번째의 차이는 필터의 차원에 있다. 필터는 특히 한 소

---

[4] 퍼스는 자신의 기호 이론 속에서 유사적 기능과 돌발 흔적의 기능에 커다란 중요성을 부여한다. 하지만 그는 돌발 흔적을 관계들의 닮음으로 축소시킨다. 『기호에 관한 글들(*Ecrits sur le signe*)』, Seuil 참조.

리의 기본적인 색을 변화시키고 음색을 구성하며 다양하게 하는 기능을 한다. 하지만 부호적 필터는 코드화한 기본적 구성자들을 종합적으로 더하면서 작용하고, 반면에 유사적 필터는 (고진동, 저진동 등) 진동수의 빼기에 의해 작용한다. 따라서 한 필터에서 다른 필터로 더해지던 것이 여기서는 강도의 빼기가 된다. 따라서 낙차로서 변조와 감각적 움직임을 구성하는 것은 빼기의 더하기이다.[5] 한마디로 우리로 하여금 유사적 언어 혹은 돌발 표시의 개념을 이해하도록 하는 데 적합한 것은 일반적으로 닮음의 개념이 아니라 변조의 개념일 것이다.

회화는 훌륭한 유사적 언어이다. 회화는 유사가 언어가 되는 형태이고 또 유사가 자신에만 고유한 언어를 발견한 형태이기조차 하다. 이것은 돌발 표시를 통과함으로써 이루어진다. 그렇다면 추상 회화는 아주 특이한 문제를 제기한다. 추상 회화가 코드와 프로그램에 의해 작용한다는 것은 확실하다. 이것은 부호적 코드를 구성하는 동질화와 이원화 작업을 내포한다. 하지만 추상 화가들도 흔히 위대한 화가들인 경우가 있다. 다시 말해 그들은 회화 외적일 코드를 회화에 적용하지 않고 오히려 전적으로 회화적인 코드를 만들어 낸다. 따라서 이것은 역설적인 코드이다. 왜냐하면 이 코드는 유사에 반대하기보다는 차라리 유사 그 자체를 대상으로 삼기 때문이다. 따라서 이 추상적 코드는 있는 그대로의 유사적인 것을 부호적으로 표현하는 것이다.[6] 유사는 돌발 표시를 통과하는 대신

---

5) 우리는 이 분석을 리샤르 피나의 『유사적 종합, 부호적 종합(Synthèse analogique, Synthèse digitale)』에서 빌려 왔다.

6) 우리는 바트송에게서 돌고래들의 언어에 대한 아주 재미있는 가설을 본다.(『정신의 생태학을 향하여』, II, Seuil, pp. 118~119) 관계들에 기초한 유사적 언어와 관습적 기호들에 기반한 부호적 혹은 음성적 언어를 구분한 후에 바트송은 돌고래들의 문제와 직면한다. 바다에 적응한 이유로 돌고래들은 포유류들의 유사적 언어를 특징짓는 안면적이고 동작적인 기호들을 포기해야 했다. 그런데도 돌고래들은 유사적인 기능을 하도록 되어 있었으며, 유사적인 대로 이 기호들을 '음성화'하고 코드화해야 하는 상황에 놓였다. 이것은 어느 정도 추상 회화의 상황과 같다.

에 코드를 통과할 것이다. 이는 불가능을 스치는 위상이다. 그리고 비구상 예술 역시 다른 방식으로 불가능을 스친다. 돌발 표시를 전체 회화에 펼치면서 비구상 예술은 흐름을 돌발 표시를 통해 통과하도록 하는 대신에 돌발 표시를 유사적 흐름 그 자체로 간주한다. 이 경우에 돌발 표시는 사용되거나 다루어지는 대신에 자기 자체만을 목표로 한다. 돌발 표시는 한 코드 속에서 자신을 뛰어넘지도 않을 뿐 아니라 혼미 속에 녹아든다.

'중간적인' 길은 반대로 돌발 표시를 유사적 언어를 구성하기 위해 사용한다. 이 길은 세잔과 함께 독립을 획득한다. 이 길은 아주 외적인 관점에서만 중용적이라고 말해진다. 그 까닭은 이 길도 다른 길들과 마찬가지로 근본적인 발명과 구상적 연계들의 파괴를 내포하기 때문이다. 사실 유사적 언어로서 회화에는 삼차원이 있다. 우선 평면들로서 원근법을 대체하는 평면들의 결합이 있다.(우선 수직적인 평면들과 수평적인 평면들.) 다음은 색채로서 가치의 관계들을 제거하고 명암, 다시 말해 그림자와 빛의 대비를 제거하려는 색의 변조가 있다. 마지막으로 신체가 있는데 기관성을 넘쳐흐르고 형태-배경의 관계를 폐지하는 신체 덩어리와 그 변화가 있다. 여기에는 신체, 평면 그리고 색채의 삼중의 해방이 있다.(왜냐하면 색채를 굴종시키는 것은 단순히 윤곽뿐만이 아니라 가치들의 대비이기도 하기 때문이다.) 따라서 엄밀히 말하여 이러한 해방은 대재난을 통해서만, 다시 말해 돌발 표시와 그의 무의지적인 폭발에 의해서만 달성될 수 있다. 신체란 불균형 속에, 즉 지속적인 추락 상태에 있다. 평면들은 다른 것들 위로 떨어진다. 색채들도 혼미 속으로 떨어지며, 더 이상 대상을 윤곽 짓지 않는다. 이어서 구상적 닮음과의 단절이 대재난만을 유포하지 않기 위해서는, 즉 더 깊은 닮음을 생산하는 데 이르기 위해서는, 평면들이 돌발 표시로부터 출발하여 자신들의 결합을 이루어야 한다. 또 신체 덩어리는 (단순한 변형이나 해체가 아닌 힘의 작용 장소로서) 일그러지는 변형 속에서 불균형을 통합해야 한다. 특히 변조는 유사의 법칙으로서 자신의 진정한 의미와 기술적 공식을 찾아내야 한다. 그리하여 변조는 단순히 명암의 변화에만 대립되는 것이 아니라 색채에 의한 새로운 변조를 만들어 냄으로써 지속적으로 변화할 수 있는 하나의 틀로서 작용해야 한다. 아마 이러한 색채의 변조가 세잔의 주요 작업이었을 것이다. 가치의 관계 대신에 스펙트럼 질서 안에서 접근된 색조들을 나란히 놓는 것으로 대체함으로써 변조는 팽창과 수축이라는 이중적 움직임을 정의한다. 그 안에서 우선 수직적이고 수평적인 평면들이 깊게 서로 연결되고 또 융합되기도 하는 팽창. 그리고 동시에 모든 것을 불균형과 추락점으로 기능하는 신체 덩어리로 인도하는 수축.[7] 이러한 시스템 안에서 기하학은 감각적으로 되고 감각들은 명확하고 지속적으로 된다. 우리는 감각을 '실현하였다'고 세잔은 말한다. 혹은 베이컨의 공식을 따르자면, 우리는 일의 가능성으로부터 일로, 돌발 표시에서 그림으로 통과하였다.

베이컨은 어떤 점에서 세잔적이고 어떤 점에서 세잔과는 아무 관계도 없는가? 차이는 굉장하다. 평면들의 결합이 이루어지는 깊이는 더 이상 세잔에게서의 강한 깊이가 아니라, '파리한' 혹은 '표면적인' 깊이이다. 이러한 것은 피카소나 브라크의 후기 큐비즘에서 물려받은 것이다.(또한 서정 추상주의에서도 재발견할 수 있다.)[8] 베이컨이 얻은 것은 바로 이러한 유형의 깊이로서, 극단적인 세밀의 시기 작품에서는 수직적이고 수평

---

7) 이 모든 점에 관해서는 『세잔과의 대화』를 볼 것.(특히 색채에 관해서는 리비에르와 슈네르브의 텍스트, pp. 85~91를 볼 것)「세잔, 구성된 감각들의 논리」(*Macula* 3-4)라는 이 훌륭한 논문에서 로렌스 고윙은 세잔 자신이 조화의 법칙이라고 소개한 색채의 변조를 분석하였다. 이러한 변조는 색채의 다른 사용법들과 공존할 수도 있지만, 1900년부터 세잔에게서는 특히 중요하게 된다. 비록 고윙이 이 변조를 '관습적 코드'나 '은유적 시스템'에 접근시키고 있지만, 그보다는 훨씬 더 유사의 법칙에 해당된다. 슈브뢸은 '유사들의 조화'라는 용어를 사용하였다.
8) 그린버그의 옮긴이인 마크크 슈느티에는 '얕은 깊이(Shallow depth)'를 얕은 물로 덮인 바다의 봉우리라는 뜻의 해양학적 용어인 '파리한 깊이'로 옮기기를 제안한다.(*Macula* 2, p. 50)

13 유사성 137

적인 평면들을 이음으로써이고, 말러리슈 시기에는 융합에 의해서인데, 이때는 예를 들면 커튼의 수직적인 것들과 차양의 수평적인 것들이 서로 교차한다. 마찬가지로 색채의 취급도 단순히 신체를 감싸는 채색되고 변조된 아플라만을 통과하는 것이 아니라, 신체에 수직적인 축들, 구조들 혹은 골격들을 내포하는 커다란 표면들이나 아플라들을 통과한다. 이제 성격을 바꾼 것은 바로 변조 전체이다.[9] 마지막으로 우리가 보았듯이 세잔의 열려진 세계(자연) 속에서와 베이컨의 닫혀진 세계 속에서 신체에 작용하는 힘이 다른 정도에 따라 신체의 변형도 완전히 다르다.

하지만 베이컨이 세잔적으로 남아 있는 이유는 회화를 유사적 언어로서 극단적으로 밀어올린 것이다. 단연코 삼면화 속에서 리듬의 분배조차도 코드와는 아무 상관이 없다. 수직적인 것들과 융합하는 원뿔형적인 고함, 수평적인 것들과 융합하는 길게 늘어난 삼각형적인 미소는 이러한 회화의 진짜 '모티프들'이다. 하지만 회화 전체가 바로 하나의 고함이고 미소이다. 다시 말해 유사적이다. 유사는 그의 최고법을 색채의 취급에서 찾는다. 그리고 이 취급은 가치의, 빛과 그림자의, 명암의 가치들과 대립한다. 이것은 또 결과적으로 흑과 백을 해방시키고, 이것들을 색채가 되게 한다. 그래서 검은 그림자가 어떤 실제적인 현존을 획득하고, 백색의 빛은 모든 단계들에 분포된 강도 높은 밝음을 획득한다. 하지만 '색채주의'는 변조된 것 그리고 그려진 윤곽에조차 대립하지 않는다. 윤곽조차도 독립된 존재를 획득하여 골격과 신체-덩어리의 공통적인 한계가 될 수 있다. 왜냐하면 이러한 것들은 더 이상 형태와 배경의 관계에 있지 않고, 색채에 의해 변조된 공존과 인접성의 관계에 있기 때문이다. 그리

---

9) 이것은 베이컨과 서정 추상주의 사이의 두번째 공통점이 될 것이다. 하지만 고윙은 세잔에게서 이미 색채의 얼룩들이 "단순히 볼륨뿐만 아니라 색채의 진행에 수직적인 축, 골격 들을", 사실은 잠재적으로 남아 있긴 하지만 "수직적인 발판 전체"를 내포하고 있음을 지적하였다.(Macula 3-4, p. 95)

고 윤곽의 얇은 막을 통해서 이중적인 운동이 행해진다. 골격을 향한 납작한 팽창과 신체를 향한 두툼한 수축이다. 그 때문에 베이컨의 세 요소는 구조 혹은 골격, 형상, 그리고 윤곽이었다. 이것들은 색채 속에서 효과적인 수렴을 한다. 사용된 돌발 표시는 유사적 언어의 대리인으로서 코드로서 움직이는 것이 아니라 변조자로서 움직인다. 사용된 돌발 표시와 그의 비의지적인 손적 질서는 모든 구상적 연계들을 깨뜨리는 데 사용된다. 하지만 (그것이 행동적일 때에는) 바로 그것을 통해서 사용된 돌발 표시는 일의 가능성들을 정의하고, 골격을 위해 선들을 해방시키며 변조를 위해 색채들을 해방시킨다. 따라서 선들과 색채들은 형상과 일을 구성하기에 적합하게 된다. 다시 말해 사용된 돌발 표시가 작용해야 하고 실현되어야 하는 시각적 전체 속에서 새로운 닮음을 생산하는 데 적합하게 된다.

14 모든 화가는 각자의 방식대로 회화의 역사를 요약한다……

이집트인들에게 영광을. "나는 과거의 위대한 유럽의 이미지들로부터 나 자신을 분리해 본 적이 없다. 그리고 나는 유럽이라는 말 속에, 비록 지리학자들이 이의를 달지라도 이집트도 포함한다."[1] 이집트적 구도를 서양 회화의 출발점으로 간주할 수 있을까?

이집트적 구도는 회화적 구도이기보다는 차라리 저부조적 배치이다. 따라서 리에글은 이것을 다음과 같이 정의한다. 1) 저부조는 눈과 손의 가장 엄밀한 결합을 만들어 낸다. 왜냐하면 저부조는 평평한 표면을 요소로서 가지고 있기 때문이다. 이 평평한 표면은 눈으로 하여금 촉각처럼 움직이도록 허용해 준다. 더 나아가서 눈에게 촉각적인 혹은 눈으로 만지는 기능을 부여하고 명령한다. 따라서 평평한 표면은 이집트적 '예술 의지' 안에서 땅과 지평선처럼 촉각과 시각이라는 두 감각의 결합을 보장한다. 2) 이러한 눈으로 만지는 기능을 취한 것은 바로 면전적이고 가까이 밀착한 시각이다. 왜냐하면 형태와 배경이 서로서로에게 그리고 우리 자신들에게 동일하게 가까운, 표면이 동일한 면 위에 있기 때문이다.

---

1) 존 러셀, 『프란시스 베이컨』, Chêne, p. 99.

3) 형태와 배경을 분리하면서 동시에 결합하는 것은 그들의 공통적인 한계인 윤곽이다. 4) 우발적 사고, 변화, 변형, 부패로부터 벗어난 닫힌 단위, 즉 본질로서의 형태를 분리하는 것은 바로 직선적이거나 규칙적인 곡선으로 된 윤곽이다. 본질은 실존과 재현의 무상한 흐름을 지배하는 형태적이고 선적인 현존을 획득한다. 5) 따라서 이집트의 저부조에 영감을 준 것은 평면과 선 그리고 본질의 기하학이다. 하지만 이 기하학은 주검적인 육면체를 피라미드로 덮어 버리면서, 다시 말해 변들이 간결하게 한정된 이등변삼각형의 단일적인 표면만을 주는 형상을 세우면서, 마찬가지로 볼륨마저도 침범한다. 6) 그리고 인간과 세상만이 그들의 평평하거나 선적인 본질을 받는 것이 아니다. 동물이나 식물, 연꽃이나 스핑크스도 완전히 기하학적인 형태로 상승하며, 그들의 신비조차도 본질의 신비이다.[2]

수세기를 건너서도 많은 것들이 베이컨을 이집트인으로 만들었다. 아플라들, 윤곽, 동일한 면 위에서 동등하게 인접된 두 구역과도 같은 형태와 배경, 형상(현존)의 극단적인 인접성, 간결한 시스템. 베이컨은 이집트에게 스핑크스의 영광을 돌리고, 이집트 조각에 대한 자신의 사랑을 선언한다. 로댕처럼 그도 지속성, 본질 혹은 영원성이 예술 작품의 첫 번째 성격이라고 생각한다.(이는 사진에는 결핍된 것이다.) 그리고 그가 자기 자신의 회화를 생각할 때에 그는 호기심을 유발하는 말을 한다. 그는 자신이 조각에 매우 유혹되었음을 알았고 그가 조각에서 기대하고 있던 것

---

[2] Aloïs Riegl, *Die Spätrömische Kunstindustrie*, Vienne, 2° 참조. 그리스어 aptô(만지다)로부터 온, '눈으로 만진다'는 눈과 만지기의 외부적인 관계를 지적하는 것이 아니라, 일종의 '시선의 가능성'을, 광학적인 것과는 구별되는 어떤 유형의 비전을 지적한다. 이집트 예술은 시선으로 더듬거리고, 가까이서 보이도록 만들어졌다. 그래서 말디네가 말하듯이 "공간적으로 근접한 것들의 영역 안에서는, 촉각처럼 작용하는 시선은 동일한 장소에 형태와 배경이 있다고 느낀다."(『시선, 말, 공간』, L'âge d'homme, p. 195)

은 바로 그가 회화에서 성공하였던 것임을 알게 되었다.[3] 그러면 그는 어떤 종류의 조각을 생각하였을까? 그것은 회화적인 세 요소를 재취합한 조각일 것이다. 골격-배경, 형상-형태 그리고 윤곽-한계. 그는 이 조각을 그 윤곽과 함께 형상이 골격 위에서 미끄러질 수 있어야 하는 것으로 명확히 정의한다. 하지만 이러한 유동성을 고려하더라도 우리는 베이컨이 저부조와 같은 유형의 조각을, 즉 조각과 회화의 중간적인 어떤 것을 생각하고 있음을 알 수 있다. 그렇다면, 베이컨이 그렇게 이집트와 가깝다면, '말러리슈'에서 다루어졌던 그의 스핑크스가 혼란스럽게 얽혀 있음을 어떻게 설명해야 할까?

[90]

거기서 문제가 된 것은 더 이상 베이컨이 아니라 아마도 전체 서양 회화사일 것이다. 누군가 서양의 회화를 정의하려고 하면 처음의 표정점을 기독교주의로 잡을 수 있을 것이다. 왜냐하면 기독교주의는 형태에 혹은 차라리 형상에 근본적인 변형을 겪게 하였기 때문이다. 신이 육적으로 구현되고, 십자가에 못박히고, 땅으로 내려오며, 하늘로 다시 올라가는 등등에 따라서 형태 혹은 형상은 더 이상 그 본질로 돌려지는 것이 아니라 원칙적으로 그 반대인 사건으로, 그리고 변화하는 것으로, 우발적인 사건으로 돌려졌다. 기독교주의 안에는 이교도주의의 조용한 싹이 있는데, 이 싹이 곧 회화에 영양을 공급할 것이다. 화가는 그가 재현하게 되어 있던 종교적인 주제에 쉽게 무관심해질 수 있었다. 사건과의 관계에 있어서 본질적인 것으로 된 형태가 십자가에 못박힌 신의 형태가 되는 것이 아니라 더 단순하게 '식탁보나 혹은 풀리고 있는 양탄자, 분리되는 칼집, 저절로 조각조각 분할되는 빵조각, 엎어진 컵, 온갖 종류의 꽃병들, 흩어진 과일들, 돌출한 접시들' 등의 형태가 될 수 있음을 화가가 알아차

---

3) E. II, pp. 34, 83.

리는 데 있어서 그 어느 것도 방해하지 않았다.[4] 그리고 이 모든 것은 그리스도 그 자신의 위에 혹은 아주 근접하게 놓았다. 이렇게 그리스도는 우발적인 것들에 의해 포위되었고 나아가 대체되기에 이르렀다. 현대 회화는 인간이 자기 스스로를 본질적인 것이 아니라 차라리 우발적인 것으로 보았을 때 시작한다. 클로델이 렘브란트에게서, 그리고 네덜란드 회화 속에서 이러한 움직임의 최정상을 보았던 것은 옳은 판단이었다. 그리고 그럼으로써 네덜란드 회화는 훌륭하게 서양 회화에 속한다. 그리고 이집트가 형태를 본질에 종속하도록 하였기 때문에 서양 회화는 이러한 뒤집기를 할 수 있었다.(동양에서는 본질로부터 시작하지 않았기 때문에 이 문제가 전혀 다르게 제기되었다.)

우리는 기독교주의를 뛰어넘어야 할 시발점으로만 생각했다. 그리스 예술도 이미 피라미드적인 겉껍질로부터 육면체를 해방시켰다. 그리스 예술은 면들을 구분하였고, 원근법을 발명했으며, 빛과 그림자, 들어간 곳과 돌출한 부분을 가지고 놀았다. 우리가 고전주의적 재현에 대해 말할 수 있다면, 그것은 광학적 공간의 정복이라는 의미에서이다. 이 공간은 결코 면전적이 아닌 멀리 떨어진 비전이다. 형과 배경은 더 이상 동일면 위에 있지 않으며, 면들은 서로 구분된다. 어떤 관점은 제일 앞면과 제일 뒷면을 연결하면서 이 면들을 관통한다. 대상들은 부분적으로 겹치며, 그림자와 빛은 공간을 채우고 리듬을 주며, 윤곽은 형태의 독자적인

---

[4] 클로델, 「눈이 듣는다」, 앞의 책, La Pléiade, pp. 197, 201. "렘브란트 그림 어디서에도 사람들은 영구적인 것이나 결정적인 것에 대한 감각을 갖지 않는다. 이것은 불안정한 실현이고, 하나의 현상이며, 이미 지나가 버린 것의 기적적인 재포착이다. 잠깐 들추인 커튼은 곧 다시 떨어지려고 한다……." 존 러셀은 라이리스의 텍스트를 인용한다. 이 텍스트는 베이컨에게 많은 충격을 주었다. "보들레르에게 있어서는 어떤 우발적인 것의 개입 없이는 어떠한 미도 불가능할 것이다……. 이상적이고, 천상적이며, 조화롭고, 논리적인 어떤 질서를 환기하는 것만이, 그렇지만 동시에 원초적인 복숭아벌레처럼 독방울 같은 것을, 약간은 비일관적인 것 혹은 모든 체계를 삐지게 하는 모래알과도 같은 것을 소유하는 것만이 아름다울 것이다……."(pp. 88~89)

한계가 되기 위해, 혹은 우월적인 전면이 되기 위해 동일면 위에서 공통적인 한계가 되기를 멈춘다. 따라서 고전적 재현은 대상으로서 우발적인 것을 갖는다. 하지만 이 대상은 광학적 조직 안에서 포착된다. 이미 대상 이전에 안정적인 광학적 조직은 이 우발적 대상에게 자신의 안정성을 부여하여 그것을 잘 설정된 무언가로(현상으로) 혹은 본질의 '현시'로 만들어 버린다. 우발적인 것 나름대로의 법칙들이 있겠지만, 회화는 자기가 아닌 다른 곳으로부터 온 법칙을 대상에 적용하지 않는다. 당시에 회화가 발견한 것은 고유하게 미학적인 법칙들로서, 이 법칙들은 고전적 재현을 유기적이고 유기적으로 조직된, 촉각적인 재현으로 만든다. 따라서 예술은 구상적이 될 수 있었지만, 우리는 예술이 애당초 구상적이 아니었다는 것을, 그리고 구상이란 하나의 결과에 불과하였다는 것을 잘 알 수 있다. 재현은 하나의 대상과 어떤 관계를 갖게 되는데, 그 이유는 이 관계가 재현 자체의 형태로부터 나오기 때문이다. 이 대상이 유기체이고 하나의 조직이라면, 그것은 재현이 우선 그 자체로 유기적이기 때문이고, 재현의 형태가 우선 주체로서 인간의 유기적인 삶을 표현하기 때문이다.[5] 그리고 바로 거기서 이 광학적 공간의 복잡한 성격을 엄밀하게 정의해야 할 것이다. 왜냐하면 이 공간은 '눈으로 만지는' 비전 그리고 근접한 시각과 단절하는 동시에, 단순히 시각적이지만 않고, 촉각적인 가치들을 시각에 종속시키면서 촉각적인 것들에 의거하기 때문이다. 사실 눈으로 만지는 공간을 대체한 것은 촉각적-광학적 공간이다. 거기서는 엄밀히 말해 본질이 표현되는 것이 아니라 접속이, 다시 말해 인간의 유기적 행위성이 표현된다. "그리스적 빛에 관한 수많은 긍정에도 불구하고, 고전

---

[5] 유기적 재현에 관해서는 보링거의 『고딕 예술』 가운데 「고전주의 인간」을 참조하기 바람. 그리고 『추상과 동일화(Abstraction et Einfühlung)』(Klincksieck, p. 62)에서 보링거는 더욱 명확히 말한다. "따라서 이 의지는 외적 세계의 대상을 재생하거나 그들이 보이는 대로 복원하는 것으로 되어 있지 않았다. 오히려 외부 세계를 향해, 완전히 독립적이고 이상적인 완벽함 속에서, 유기적 생명력의 리듬을, 한마디로 자신의 전 내적 존재를 투사하는 것이다……."

적 그리스 공간은 촉각적-광학적 공간이다. 빛의 에너지는 거기서는 형들의 리듬에 따라 리듬지어진다. ……형들은 자기 자신들로부터 출발하여, 그들이 유발한 면들 사이에서, 자기 자신들을 말한다. 그들이 배경으로부터 더욱더 자유로울수록 그들은 더욱더 시선이 그들을 받아들이고 모아들이는 공간을 위해 자유로워진다. 하지만 결코 이 공간은 관객을 끌어들이고 관통하는 자유로운 공간이 아니다……"[6] 윤곽은 유기적으로 되기 위해 기하학적으로 되기를 멈춘다. 하지만 유기적인 윤곽은 접촉으로 하여금 시각적 형의 완벽함에 협력하도록 하는 틀로서 행세한다. 내가 만져 봄으로써 그 반듯함을 확인해 보는 막대기처럼, 손은 하녀에 불과하다. 하지만 절대적으로 필요한 하녀로서 수용의 수동성을 책임진다. 따라서 유기적인 윤곽은 움직이지 않고 고정되어 있으며, 아무리 빛과 그림자의 유희가 복잡하더라도 그것에 의해 영향을 받지 않는다. 그것은 촉각적인 윤곽이 시각적 변화와 시점의 다양성에도 불구하고 광학적 형태의 독자성을 보장해 주기 때문이다.[7] 한마디로 눈은 그의 만지는 기능을 포기하고, 광학적으로 되면서 촉각적인 것을 제이차적인 힘으로 종속시켰다.(또한 이러한 광학적 '조직'에게 촉각적인 것이 종속되는 현상 역시 순수하게 회화적인 고안들이다.)

하지만 어떤 변화가 일어났다면, 혹은 차라리 유기적인 재현의 균형을 깨뜨리는 돌출이 발생했다면, 그것은 아마 다음과 같은 두 방향 중의 이

---

[6] 말디네, 앞의 책, pp. 197~198.(그리고 조금 후에 말디네는 비잔틴 예술이 순수하게 시각적 예술을 발명하고 그럼으로써 그리스 예술과 결별한다고 자세히 분석한다.)
[7] 16세기 '고전적' 세계의 혹은 촉각적-광학적 공간의 이러한 모습을 특별히 분석했던 사람은 뵐플린이다. 빛과 그림자, 그리고 색채들은 아주 복잡한 유희를 할 수 있다. 하지만 이것들은 그 완전성을 유지하는 촉각적 형태에 종속된다. 그림자와 빛이 순수하게 광학적인 공간 속에서 해방되기 위해서는 17세기를 기다려야 한다. 『예술사의 근본적인 원칙들』, 특히 1장과 5장. 특히 충격적인 예는 네프(Neefs) 교회와 데 비트(De Witte) 교회 내부의 비교에 의해 주어진다.(pp. 241~242)

것 혹은 다른 것에 의해서일 것이다. 혹은 순수한 광학적 공간의 표출에 의한 것으로서, 이는 비록 종속적이긴 하지만 촉지성에 의거하는 것으로부터 해방되는 것이다.(뵐플린이 예술 진화 속에서 '순수한 광학적 비전으로 몰입하는' 경향에 대해 말할 때 바로 이러한 의미에서이다.)[8] 혹은 반대로 반란을 일으켜 종속성을 뒤흔들어 버리는 격렬한 손적 공간의 강요이다. 이것은 '제멋대로 갈겨 쓰기'에서처럼 손은 독립적인 방식으로 자신을 표현하기 위해 '낯설고 강압적인 의지'의 시중을 들고 있는 것과 같다. 이러한 대립되는 두 방향은 비잔틴 예술과 오랑캐 혹은 고딕 예술 안에서 잘 구현된 것 같다. 그것은 비잔틴 예술이 배경은 어디서 끝나는지도 모르고 형태도 어디서 시작하는지 알 수 없도록 하는 움직임을 부여하면서 그리스 예술을 뒤집었기 때문이다. 사실 둥근 천장과 둥근 지붕 혹은 아치 속에 갇혀 있는 면은 관객과의 관계에서는 그 거리 때문에 뒷배경면으로 되는데, 촉지할 수 없는 형태들의 적극적인 지주가 된다. 이 형태들은 갈수록 명암의 교차에 종속되고 빛과 그림자의 순수한 광학적 유희에 종속된다. 촉각적인 근거는 폐지되고 윤곽마저도 한계가 되기를 멈추고 그림자와 빛으로부터 생겨나며 검은 페이지와 하얀 표면으로부터 생겨난다. 그와 유사한 원리 덕에 17세기 회화는 훨씬 후에야 빛과 그림자의 리듬을 발전시킬 것이다. 이때 빛과 그림자는 더 이상 촉각적인 완전성을 존중하지 않을 것이고 차라리 배경으로부터 나온 광학적 형태가 솟아나오도록 할 것이다. 고전적 재현과는 달리 떨어진 시야는 이제 더 이상 그 거리를 이러저러한 부분에 따라 변화시키지 않을뿐더러, 촉각적인 연결에 속하는 근접한 모습에 의해 확인될 필요도 없다. 그 대신 전체 회화에게는 유일한 것으로 된다. 접촉은 더 이상 눈에 의해 소환되지 않는다. 그리고 구분이 명확지 않은 지역들이 강요될 뿐만 아니라, 비록 대상의

---

8) 뵐플린, 앞의 책, p. 52.

형이 밝혀지더라도 그 밝음은 고유하게 광학적인 내적 관계 안에서 그림자, 어둠, 배경과 직접 소통한다. 따라서 우발적인 것은 위상이 바뀐다. 그래서 '자연스럽게 간주된' 유기체 안에서 법칙을 발견하는 대신에 빛의(그리고 색의) 독립성 안에서 정신적인 승천, '우아함' 혹은 '기적'을 찾아낸다. 그것은 마치 고전적 유기 조직이 구성에 자리를 물려준 것과 같다. 빛과 그림자의 유희 속에서 나타나는 것이 더 이상 항구적 본질이 아니라, 빛과 그림자의 유희에 의한 우발적인 형들의 나타남이 본질과 법칙을 만든다. 본질과 법칙을 만드는 것은 차라리 나타남이다. 사물들은 빛 속에서 일어나 올라간다. 형태는 어둠에서 밝음으로, 그림자에서 빛으로 이르는 동안 '특이한 생으로 활기차게 된 일종의 연결', 즉 독특한 색조를 설정하는 변형과 변모와는 더 이상 분리될 수가 없다. 하지만 유기 조직과는 다른 구성이란 무엇인가? 구성이란 유기 조직 그 자체인데, 와해되는 중의 유기 조직이다.(클로델은 빛에 관해 말하며 정확히 이것을 언급하였다.) 존재들은 빛 속에서 떠오르며 와해된다. 그리고 비잔틴의 황제가 예술가들을 박해하고 흩어지도록 하기 시작했을 때 잘못했던 것이 아니었다. 추상 회화조차도, 광학적인 변형의 공간을 재설정하려고 한 그 극단적인 시도 속에서, 이러한 와해시키는 요소에, 가치들의 관계에, 빛과 그림자의 관계에, 밝음과 어둠의 관계에 의존하게 될 것이다. 그리하여 17세기 너머로 비잔틴의 순수한 영감을, 광학적 코드를 재발견할 것이다.

전혀 다른 방식으로 오랑캐 혹은 (보링거가 말하는 넓은 의미로) 고딕 예술은 유기적인 재현을 해체한다. 더 이상 순수한 광학을 향해서 움직이지 않는다. 반대로 접촉에게 그 순수한 행위성을 되돌려 주고, 손에게 접촉을 부여하며, 손에게 눈이 쫓아오기 힘들 속도와 격렬함 그리고 생명을 준다. 보링거는 이러한 '북국의 선을' 이렇게 정의한다. 혹은 쉴새없이 부서지고 깨어지며 끊임없이 방향을 바꾸면서 자체 내에서 길을 잃어 버리고, 혹은 외곽적이거나 소용돌이를 치는 격렬한 운동 속에서 자체 위로 되돌아온다. 오랑캐 예술은 두 가지 방식으로 유기적인 재현이 넘쳐난다. 움직이고 있는 신체 덩어리에 의해서이거나, 판판한 선의 속도와 방향의 변화에 의해서이다. 보링거는 이러한 광적인 선의 공식을 찾아냈다. 그 공식이란 바로 생명으로서, 가장 기기묘묘하고 가장 밀도 높은 생명, 즉 비유기적인 생명성이다. 이것은 추상이지만 표현주의적인 추상이다.[9] 이러한 생명은 고전적 재현의 유기적 생명과도 대치되고, 이집트적인 본질의 기하학적 선과도 대치되며, 빛적인 나타남의 광학적 공간과도 대치된다. 어떤 의미로든 간에 더 이상 형도 배경도 없다. 그것은 선과 면이 그들의 힘을 동일하게 하려 하기 때문이다. 끝없이 부러지면서 선은 선 이상이 되고 동시에 면은 표면 이하가 된다. 윤곽으로 말하자면, 선은 윤곽의 그 어떤 것에도 금 긋지 않는다. 선은 결코 무언가의 윤곽이 아니다. 그것은 선이 끝없는 움직임에 의해 휩쓸리기 때문이거나, 혹은, 마치 테이프처럼, 내적 질량 움직임의 경계로서 윤곽을 가지고 있는 것은 선 자신밖에 없기 때문이다. 이것은 변형의 이상주의에 반대한 왜곡의 사실주의이다. 그리고 터치들은 명-암에서처럼 형이 불명확한 영역을 구성하는 것이 아니라, 선이 여러 다른 동물들에게, 즉 인간과 동물 그리고 순수한 추상에 공통적인 만큼 비구분성의 영역을 구성한다.(뱀, 수염, 테이프 등.) 거기에 기하학이 있다면 그 기하학은 이집트나 그리스의 기하학과는 아주 다른 기하학이다. 이 기하학은 터치와 우발적인 것을 작동시키는 기하학이다. 우발적인 것은 어디에나 있다. 그리고 선은 그로 하여금 방향을 바꾸도록 강요하는 장애물들을 계속 만나며, 이 변화에 의해 계속 강화된다. 이 공간은 빛적인 붕괴에 의해서가 아니라 손

---

9) 보링거, 『추상과 동일화』, p. 135.(도라 바이에가 그녀 책의 서문에서 보여 주듯이 '표현주의'라는 말을 만든 사람은 보링거이다.) 그리고 『고딕 예술』에서 고전적 유기적 대칭에 대치되는 두 움직임에 대해 주장하였다. 비유기적인 선의 끝없는 움직임과 바퀴 혹은 터빈의 둘레적이고 격렬한 움직임이 그것이다.

적인 것의 집합에 의해 작동하는 활발한 손적 터치들의 공간, 손적인 공간이다. 미켈란젤로에게서도 이러한 손적 공간으로부터 유래하는 어떤 힘을 발견한다. 즉 신체가 넘쳐나거나 유기체를 파열시키는 방식이 그것이다. 마치 유기체들이, 그들에게 유일하고 동일한 단 하나의 '신체'를 갖거나, 모든 구상적이고 서술적인 관계와는 독립해서 그들을 유일하고 동일한 '일' 속에서 결합시키는, 소용돌이치거나 뱀 모양의 운동 속에 잡히는 것과 같다. 클로델은 나이프로 물감을 두텁게 바르는 회화에 대해 말할 수 있다. 거기서 조작된 신체는 양탄자나 꽃줄 혹은 테이프 위에 있는 것처럼 둥근 지붕 위에 혹은 천장과 벽 사이의 가느다란 돌출부 위에 놓인다. 거기에서 신체는 '그의 조그마한 힘의 기교들'을 부린다.[10] 그건 마치 순수하게 손적인 공간의 복수와도 같다. 그 까닭은 판단하는 눈이 여전히 콤파스를 가지고 있다면, 작업하는 손은 그로부터 해방될 줄 알았기 때문이다.[11]

하지만 광학적 공간으로 향하는 순수한 경향과 손적인 공간으로 향하는 순수한 경향이 마치 서로 공존할 수 없는 것처럼 대립시키는 것은 잘못이다. 이 두 경향은 말하자면 고전적이라고 하는 촉각적-광학적 재현 공간을 해체시키는 것을 공통으로 삼는다. 그럼으로써 이 둘은 새롭고 복잡한 결합 관계 혹은 상관 관계 속으로 들어간다. 예를 들어 빛이 해방되고 형태로부터 독립적이 될 때, 곡선적인 형은 그 나름대로 방향을 바꾸는 납작한 터치로서, 혹은 덩어리 내에서 흩어지는 터치로서 해체되는 경향을 띤다.[12] 그래서 우리는 이제 형의 우발적인 것들을 결정하는 것

---

10) 클로델, 앞의 책, pp. 192~193.
11) Vasari, 『미켈란젤로의 생(*Vie de Michel-Ange*)』 참조.
12) 렘브란트의 순수 광학적 공간을 정의하면서, 뵐플린은 곡선을 대체하는 직선적인 터치와 부러진 선의 중요성을 보여 준다. 그리고 초상화가들에게서도 표현은 더 이상 윤곽으로부터 오는 것이 아니라 형 내부에서 흩어진 터치들로부터 온다.(뵐플린, 앞의 책, pp. 30~31, 41~43) 하지만 이 모든 것은 뵐플린으로 하여금 다음과 같은 것을 확인하도록 한다. 즉 광학적 공간은 형과 윤곽의 촉각적인

이 광학적 빛인지 혹은 빛의 우발적인 것을 결정하는 것이 손적인 터치 인지 더 이상 알 수 없다. 광학적 빛의 이면으로서 손적인 터치를 발견하기 위해서는 렘브란트를 가까이서 그리고 뒤집어서 보기만 하면 충분하다. 우리는 광학적 공간 그 자체가 촉각적인 새로운 가치들을 해방시켰다고 말할 수 있을 것이다.(그리고 그 역으로도 말할 수 있다.) 그리고 우리가 색의 문제를 생각하면 문제는 더욱 복잡해진다.

사실 색은 우선 빛에 뒤지지 않을 만큼 광학적 공간에 속하는 것 같고, 동시에 형과의 관계에서 독립성을 획득하는 것 같다. 빛과 마찬가지로 색은 형에 근거하기보다는 형에게 명령하기 시작한다. 이러한 의미에서 뵐플린은 다음과 같이 말할 수 있다. 다소간 윤곽을 무시하는 광학적 공간에서 "우리에게 말하는 것이 색인가 아니면 밝거나 어두운 공간인가는 중요하지 않다." 하지만 이것은 그리 간단치 않다. 색 자체가 전혀 다른 두 유형의 관계 속에서 포착되기 때문이다. 하나는 가치의 관계로서, 흑과 백의 대비 위에 근거하여, 진하거나 밝은 색조, 포화되거나 연한 색조를 정의한다. 다른 하나는 스펙트럼 위에서 노랑과 파랑 혹은 초록과 빨강의 대비 위에 기초하여, 따뜻함이나 차가움과 같은 이러저러한 순수 색조를 정의한다.[13] 색채의 이 두 음계가 계속해서 서로 섞이고, 그 둘

결합과 단절하지 않으며, 새로운 촉지적인 가치들, 특히 무게적인 가치들을 방기하지 않는다.("우리의 주의가 그러한 대로의 촉각적인 형으로부터 등을 돌림에 따라 우리의 관심은 더욱더 활발히 사물들의 표면을 위하여, 신체가 촉각에게 인지되는 대로의 신체를 위해 깨어난다. 렘브란트에 의해서 살은 비단과 마찬가지로 만져질 수 있는 것으로 우리에게 주어진다. 살은 그의 모든 무게를 느끼도록 한다……."(같은 책, p. 43))

13) 차갑거나 따뜻한 색조성은 본질적으로 상대적이다.(그렇다고 해서 주관적이라는 것은 아니다.) 색조성은 이웃한 색이 무엇이냐에 달려 있고, 하나의 색은 언제나 '따뜻하게 덥혀질 수 있고' 혹은 '차갑게 될' 수 있다. 그리고 초록이나 빨강은 그 자체로는 따뜻하지도 차갑지도 않다. 사실 초록은 따뜻한 노랑과 차가운 파랑의 이상적 혼합점이고, 반대로 빨강은 파랑도 노랑도 아니다. 따라서 우리는, 따뜻하고 차가운 색조들을 초록으로부터 떨어져 나와 '점증하는 강도'에 따라 빨강 속에서 결합하려 하는 것으로 재현시킬 수 있다.(Goethe, 『색채들의 이론(*Theorie des couleurs*)』, VI, Triades, p. 241)

의 결합이 회화의 중요한 작업을 형성한다는 것은 확실하다. 한 예로 비잔틴의 모자이크는 검은 면들과 하얀 표면들, 청자색 유리의 포화된 색조와 대리석의 동일한 투명한 색조를 공명하도록 하는 것만으로는 만족하지 않는다. 이 모자이크는 황, 적, 청, 녹으로 된 그의 네 가지 순수 색조들을 색채의 변조 속에서 놀게 한다. 이 모자이크는 빛 중심주의와 마찬가지로 색채주의를 발명한다.[14] 17세기 회화는 촉지적인 형에 대해 빛의 해방과 동시에 색의 해방을 추구한다. 그리고 세잔은 자주 이 두 시스템을 공존하게 한다. 하나는 부차 색조, 그림자와 빛, 명암의 변조를 통해서이고, 다른 하나는 스펙트럼의 질서 안에 있는 일련의 색조, 자족적인 색채의 변조를 통해서이다.[15] 하지만 이러한 두 종류의 관계가 형성된다 하여도, 이것들이 시각에 호소하면서 오직 광학적 공간에만 봉사한다고 결론 내릴 수는 없다. 명암의 변조 혹은 빛의 변화와 같은 가치의 관계가 거리를 둔 순수 광학적 기능을 부추기는 것이 사실이기는 하지만, 색채의 변조는 반대로 순수하게 눈으로 만지는 기능을 부추긴다. 여기서는 평평한 표면 위에 더욱 밀접하여 정리된 순수한 색조들의 병렬이 접근된 비전의 절정을 중심으로 진행과 후퇴를 형성한다. 따라서 이것은 색이 빛 속에서 정복되는 방식 혹은 빛이 색 속에서 도달되는 방식과는 전혀 다른 방식이다.("그 자체로는 절대적인 빛적 질감을 가지고 있지 않은 색채들이 빛과 그림자를 재현하는 것은 따뜻하고 차가운 색조들의 대비를 통해서

---

14) 비잔틴 예술에서 색조성의 관계에 대해서는, 그라바르, 『비잔틴 회화』와 스키라 · 말디네, 『시선, 말, 공간』, pp. 241~246 참조.
15) 로렌스 고윙은 이러한 채색된 일련의 것들을 분석한다.(『세잔, 조직된 감각들의 논리』, *Macula* 3-4, pp. 87~90) 하지만 그는 또 어떻게 이러한 변조 시스템이 동일한 모티프에 대해서 다른 시스템들과 공존할 수 있는지도 보여 준다. 예를 들어 「앉아 있는 농부」에 있어서 수채화로 된 그림은 연속적이고 단계적으로 이루어지는(파랑-노랑-빨강) 반면, 유화는 빛과 부차 색조로 이루어진다. 혹은 재킷을 입고 있는 부인의 두 초상화에서 하나는 "덩어리 속에서 그림자와 빛을 통해 변조되고", 다른 하나는 명암을 유지하기는 하지만 빨강-노랑-에메랄드빛-푸른 코발트의 연결에 의해 볼륨을 준다.(같은 책, pp. 88, 93 참조)

이다…….")16)

이미 뉴턴과 괴테 사이에는 색채 이론에 있어서 커다란 관점의 차이가 있지 않았던가? 광학적 공간에 대해 말할 수 있으려면 눈 그 자체가, 우세하게 혹은 배타적으로 가치의 관계 때문에, 광학적 기능을 수행할 때에만 가능하다. 반대로 색조의 관계가 터너나 모네 혹은 세잔에게서처럼 가치의 관계를 제거하는 경향이 있으면 눈으로 만지는 공간과 눈의 만지는 기능에 대해서 말할 것이다. 거기서 표면의 납작함은 함께 배치된 다른 색들에 의해서만 볼륨을 만든다. 두 개의 전혀 다른 회색, 즉 백-흑의 광학적 회색과 초록-빨강의 눈으로 만지는 회색이 있지 않은가? 더 이상 손적인 공간은 시각의 광학적 공간에 반대하지도 않고, 더더욱 촉각적인 공간도 시각적 공간에 접속되지 않는다. 이제는 시각 그 자체 안에서 눈으로 만지는 공간이 광학적 공간과 경쟁한다. 광학적 공간은 밝음과 어둠, 빛과 그림자의 대비에 의해 정의되었다. 하지만 눈으로 만지는 공간은 따뜻함과 차가움의 상대적 대비에 의해, 팽창적이거나 수축적인 운동, 팽창 혹은 상응하는 수축 운동에 의해 정의되었다.(반면 밝음과 어둠은 운동으로의 '열망'을 증명한다.)17) 그로부터 또 다른 대비들이 나온다. 촉지적인 외적 주형과 다름에도 불구하고, 명암으로 이루어진 광학적 형 뜨기는 여전히 내적으로 된 주형처럼 행세한다. 거기서 빛은 물체를 불공평하게 관통한다. 심지어 여기에는 광학적인 것과 연결된 내밀주의 같은 것조차 있다. 이것이 바로 색채주의자들이 명암에서 견디기 힘든 것이다.

---

16) 리비에르 · 슈네르브, 『세잔과의 대화(Conversations avec Cézanne)』, p. 88.(그리고 p. 22, "따뜻함에서 차가움으로 가는 색조들의 연속", "아주 높은 색조들의 음계……") 우리가 다시 비잔틴 예술로 되돌아가 보면, 이 예술이 색채들의 변조를 가치들의 리듬과 결합하고 있다는 사실은 이 공간이 단지 광학적 공간만은 아니었다는 것을 암시한다. 리에글의 주장에도 불구하고, 우리가 보기에 '색채주의'는 절대적으로 눈으로 만지는 공간이다.

17) 흑과 백, 어둠과 밝음은 차가움과 따뜻함의 운동과 유사한 수축과 팽창 운동을 제시한다. 하지만 칸딘스키조차도, 색조가 우세한지 혹은 가치가 우세한지 망설이는 가운데 명암의 가치에서는 "정체적이고 고착된 움직임"만을 인정한다.(『예술에서 정신적인 것에 대하여』, Beaune, pp. 61~63)

그것들은 세상에 널리 펼쳐진다 하더라도 '포근한 가정' 혹은 '자기 중심주의'와 같은 내밀성에 대한 생각이다. 따라서 빛, 혹은 가치의 회화가 촉각적-광학적 공간으로부터 유래했던 구상과 단절해도 소용없다. 이 회화는 여전히 언제든 가능한 서술과 위협적인 관계를 견지하고 있다.(사람들은 자기가 만질 수 있다고 믿는 것을 구상화한다. 하지만 사람들은 자신이 본 것을, 빛 속에서 일어나고 있다고 생각되는 것을, 혹은 어둠 속에서 일어나고 있다고 추정되는 것을 이야기로 서술한다.) 그리고 빛 제일주의가 이러한 스토리의 위험으로부터 빠져나가는 방식은 내적 공간을 추상으로 끌어올리는 흑과 백의 순수한 코드 안으로 도피하면서이다. 반면 색채주의는 회화의 유사적인 언어이다. 색채에 의한 형 잡기가 아직 있다면, 그것은 더 이상 내적으로나마 된 주형이 아니라, 시간적이고 변화할 수 있으며 계속적인 주형이다. 엄밀히 말해 이것에는 변조라는 이름만이 적합하다.[18] 더 이상 안도 바깥도 없다. 단지 계속적인 공간화, 색채의 공간화하는 에너지만 있다. 색채주의는 추상화를 피하면서도 구상화와 스토리를 한꺼번에 추방한다. 그리하여 끝없이 순수 상태의 회화적 '일'에 접근하고, 그 일 속에서는 더 이상 이야기할 것은 아무것도 없다. 이 일이란, 시각의 만지는 기능을 형성하거나 혹은 재형성하는 것이다. 우리는 색에 의해서 그리고 색으로만 된 새로운 이집트, 지속적이 된 우발적인 것의 이집트가 일어났다고 말할 수 있을 것이다.

---

18) 생명체의 재생산에 관한 문제에 대해 말하면서 뷔퐁은 내적인 주형이라는 개념을 제안하였다. 그러면서 그는 이 개념의 역설적인 성격을 강조하는데 그 이유는 주형이 여기서는 '물체를 관통한다'고 간주되기 때문이다.(『동물들의 자연사』, 완간본, III, p. 450) 그리고 뷔퐁에게서도 이 내적 주형은 뉴턴적인 빛 개념과 관계되어 있다. 주형 잡기와 변조 사이의 기술적 차이에 대해서는 시몽동의 최근 분석에 의거할 것이다. "변조에서는 주형을 벗기기 위한 멈춤이 결코 없다. 그것은 근본적인 에너지의 순환이 영구적인 주형 벗기기와 동등하기 때문이다. 변조기란 계속적인 시간적 주형이다. 주형 뜨기란 항구적인 방식으로 변조하는 것이고, 변조하는 것은 계속 그리고 지속적으로 다른 방식으로 주형 뜨기를 하는 것이다."(『개인과 그의 물리-생물학적 발생』, P. U. F., pp. 41~42)

15 베이컨이 지나온 길

한 위대한 화가가 자기 나름대로 예술사를 요약하는 방식은 결코 선택주의에 의한 것이 아니다. 비록 이 화가의 여러 시기들이 이 요약하는 방식과 간접적인 관계를 맺고 있다 해도 직접적으로 상응하지는 않는다. 또한 이 방식은 한 그림에서 나타나는 분리 가능한 여러 양상들과도 상응하지 않는다. 이것은 오히려 하나의 간단한 동일 동작의 통일성 속에서 주파된 공간과도 같다. 역사적 요약은 하나의 자유로운 시퀀스를 제거하거나 재창조하는 정지점과 통과로 이루어진다.

우리는 우선 베이컨이 이집트인이라고 말할 것이다. 이것은 그의 첫 정지점이다. 베이컨의 그림은 우선 이집트적 제시를 한다. 형과 배경은 윤곽에 의해 서로서로 관계를 맺고 있는데 눈으로 만지는 근접 시각의 동일 면 위에 있다. 하지만 이제 이 이집트적 세계에는 이미 첫번째 대재난으로서 중요한 차이점이 끼어든다. 어떤 추락과 불가분하게 맺어진 형이 떨어진다. 형은 더 이상 본질이 아니다. 형은 우발적인 것이 되었고, 인간은 하나의 우발적인 사건이다. 우발적인 것은 면들에 사이를 도입하고, 그 사이에서 추락이 이루어진다. 그것은 마치 배경은 뒷면 속으로 약간 후퇴하는 것과 같고, 형은 약간 앞으로 도약하는 것과 같다. 하지만 이러한 질적인 차이도 양적으로는 크지 않다. 전면과 후면을 분할하는 것은 투시법이 아니라 '미미한' 깊이이다.

하지만 눈으로 만지는 세상의 아름다운 통일성이 두 번 부러지는 것처럼 되기에는 이것으로도 충분하다. 윤곽은 동일 면 위에서 형과 색의 공통적인 경계가 되기를 멈춘다.(동그라미, 트랙.) 윤곽은 육면체 혹은 그와 유사한 것이 된다. 그리고 특히 윤곽은 육면체 속에서 형의 유기적인 윤곽인 주형이 된다. 결국 촉각적-광학적 세계의 탄생인 셈이다. 전면에서는 형이 만질 수 있는 것처럼 보이고, 그의 명확성은 이러한 만질 수 있는 성격에서 나온다.(구상은 하나의 논리적 결과로서 그로부터 기인한다.) 이러한 재현은 또한, 배경이 뒷면에서 그것마저도 촉각적인 접합에 의해 형 주위에서 감싸이는 만큼, 배경에도 영향을 미친다. 하지만 다른 쪽에서는 뒷면의 배경이 형을 끌어당긴다. 그리고 거기에서는 순수한 광학적 공간이 도출되려 하고, 동시에 형은 그 촉각적 성격을 상실한다. 때로는 빛이 형에게 단지 광학적이고 공기적인, 와해되는 명확성을 부여하고, 때로는 반대로 '말러리슈'적인 그림자가, 색채의 암묵이 형을 인도하고 해체하며 그의 촉각적 접합으로부터 잘라낸다. 정확히 말해 위험은 더 이상 구상의 위험이 아니라, 서술의 위험이다.(무슨 일이 일어나는가? 일어날 것인가? 혹은 일어났던가?)

구상과 서술은 결과에 불과하다. 하지만 회화 속으로 더욱더 밀려들어 온다. 바로 이것들을 몰아내야 한다. 하지만 또한 촉각적-광학적 세계와 순수한 광학적 세계도 베이컨의 정지점들은 아니다. 반대로 그는 이 세계들을 횡단한다. 그는 이 세계들을 휘저으며 혼탁하게 만든다. 손적인 사용된 돌발 표시는 혼탁과 닦아 냄의 영역으로서 폭발하여, 광학적 상관 관계와 동시에 촉지적 접합을 해체시킨다. 하지만 혹자는 돌발 표시가 본질적으로는 광학적으로 남아 있다고 믿을 수도 있다. 돌발 표시가 백으로 향하거나, 혹은 더 강한 이유를 가지고 흑을 향해서, 말러리슈 시기에서처럼 그림자와 진한 색들을 가지고 유희를 즐기기 때문이다. 하지만 베이컨은 명암에 대해 끊임없이 그를 화나게 하는 '내밀성', '자기 중심적 분위기'를 비난한다. 그가 바라는 회화는 '내적이고 자기 중심적인' 이미지로부터 탈피하는 것이다. 그리고 그가 말러리슈적인 작업을 포기한 것은 이러한 연상의 모호성 때문이다.[1] 그래서 진하거나 혹은 흑을 향해 간다 할지라도, 돌발 표시는 아직도 광학적인 불명확함의 상대적 공간을 구성하는 것이 아니라, 객관적인 비구분 혹은 비결정의 절대적 영역을 구성한다. 이 영역은 시각에게 반대하고 또 어떤 낯선 힘으로서 손적인 힘을 강요한다. 돌발 표시는 결코 광학적 효과가 아니라 고삐 풀린 손적인 힘이다. 이것은 광적인 영역으로서 그곳에서 손은 더 이상 눈에 의해 인도되지 않고 시각에게 다른 의지로서 강요된다. 이러한 영역은 또 우연, 우발적인 것, 자동기술, 무의지로서 제시된다. 이는 하나의 대재난으로서 앞선 대재난보다도 더욱 깊은 것이다. 광학적 공간과 촉각적-광학적 공간은 쓸리고 지워진다. 아직도 눈이 있다면 그 눈은 터너 식의 태풍의 '눈'으로서, 흔히 진함보다는 밝음의 경향을 띤다. 이 태풍의 눈은 언제나 더 커다란 물질의 동요와 연결되어 있는 휴식 혹은 정지를 지적한다. 그리고 사실 사용된 돌발 표시는 베이컨의 그림에서는 정지점 혹은 휴식점인데, 흑과 백보다는 초록과 빨강에 더 가까운 정지이다. 다시 말해 가장 커다란 동요에 의해 둘러싸인, 혹은 반대로 가장 동요된 생을 둘러싼 휴식이다.

사용된 돌발 표시가 그림에서 정지점이라고 말하는 것은 그것이 그림을 완결 짓거나 혹은 형성한다고 말하는 것이 아니다. 그 반대이다. 이것

---

1) *E*. II, p. 99.

은 중계이다. 이러한 의미에서 사용된 돌발 표시는 표현주의의 방식대로 그림 전체를 다 차지하는 대신에 국지화된 채로 남아 있어야 하고, 무엇인가가 그로부터 튀어나와야 함을 보았다. 그리고 말러리슈 시기에 있어서도 사용된 돌발 표시는 전체를 외양상으로만 차지한다. 사용된 돌발 표시는 사실상, 더 이상 표면에서 국지화되는 것이 아니라, 깊은 곳에서 국지화되어 있다. 실제로 커튼이 표면 전체를 줄로 새길 때에는 형상 앞으로 지나가는 것처럼 보인다. 하지만 우리가 발에까지 이르게 되면 커튼이 두 면들 사이로, 면들 사이로 떨어짐을 알게 된다. 커튼은 미미한 깊이를 점유하고 채운다. 그리고 이러한 의미에서 커튼은 국지화되어 있다. 따라서 돌발 표시는 언제나 자기를 넘쳐나는 효과들을 갖는다. 고삐 풀린 손적인 힘인 돌발 표시는 광학적 세계를 해체한다. 하지만 동시에 시각적 전체 속으로 다시 던져져야 한다. 이 전체 속에다 사용된 돌발 표시는 고유하게 눈으로 만지는 세계를 끌어들이고, 눈의 만지는 기능을 끌어들인다. 눈으로 만지는 세계와 그 의미를 차갑고 따뜻함의 기능에 따라, 팽창과 수축의 기능에 따라 구성하는 것은 색이자 색의 관계들이다. 확실히 형상을 변조하고 아플라 위로 펼쳐지는 색은 돌발 표시에 종속되지 않지만 돌발 표시를 통과하고 그로부터 나온다. 사용된 돌발 표시는 변조기처럼 행세하고, 따뜻함과 차가움, 팽창과 수축의 공통의 장으로 행세한다. 전체 그림 속에서 색의 만지는 의미는 사용된 돌발 표시와 그의 손적인 침입에 의해 가능해진다.

빛은 시간이고 색은 공간이다. 사람들은 명암에 의한 가치적인 관계를 색조의 관계로 대체하려고 하는 화가들, 그리고 순수한 색의 관계를 가지고 형뿐만 아니라 그림자와 빛 그리고 시간을 주려고 하는 화가들을 색채주의자들이라고 부른다. 확실히 이 문제는 가장 좋은 해결책은 아니다. 하지만 회화를 가로질러 왔던 하나의 경향에 관한 문제로서 이 경향은 다른 경향들을 특징지었던 걸작들과는 전혀 다른 특징을 가진 걸작들을 남겨놓았다. 색채주의자들도 흑과 백, 밝음과 어둠을 아주 잘 사용할 수도 있을 것이다. 하지만 엄밀히 말해 그들은 밝음과 어둠, 백과 흑을 색채들처럼 다루고, 그들 사이에 색조의 관계를 놓는다.[2] '색채주의', 이것은 단지 (이러한 이름을 받을 자격이 있는 모든 회화에서처럼) 관계 속으로 들어가는 색채들만이 아니다. 이것은 다른 나머지가 거기에 종속되는 다양한 관계로서, 다르게 하는 관계로서 발견된 색채이다. 색채주의자들의 공식은 다음과 같다. 만약 당신이 색을 따뜻함-차가움, 팽창-수축과 같은 그의 순수한 내적 관계에까지 가지고 가면, 그때 당신은 모든 것을 가지게 된다. 만약 색이 완전하다면, 다시 말해 색의 관계가 그 자체를 위해 발전되었다면, 당신은 모든 것을, 즉 형과 배경, 빛과 그림자, 밝음과 어둠을 갖게 된다. 명확성이란 더 이상 만질 수 있는 형의 명확성도 아니고 광학적 빛의 명확성도 아니다. 명확성은 이제 보색들로부터 유래한 어디에도 비교할 수 없는 반짝임이다.[3] 색채주의는 시각의 특별한 의미를 도출한다고 주장한다. 그것은 빛-시간의 광학적 시각과는 다른, 색채-공간의 눈으로 만지는 시각이다. 뉴턴적인 광학적 색채의 개념에 반대하여, 괴테는 눈으로 만지는 이러한 관점의 일차적인 원칙들을 도출하였다. 색채주의의 시행 규칙들은 다음과 같다. 부차적인 색조의 포기, 흐물거리지 않는 터치들의 병치, 각각의 색채가 그의 보색에 호소함으로써 전체성에 이르고자 하는 열망, 중개적인 혹은 전이적인 색들을 가지고 색들을 건너기, '혼합된' 색조를 얻기 위한 경우를 제외한 색채 혼합의 금지, 두 가지 보색의 병치 혹은 하나는 혼합되고 다른 하나는 순수한 두 유사 색을 병치하기, 색의 무한

---

[2] 반 고흐, 「베르나르에게 보낸 편지」(1888년 6월), 『서한』, Gallimardgrasset, II, p. 97. "흑과 백도 색채임으로 충분합니다. 왜냐하면 여러 경우에 있어서 이것들은 색채로서 간주될 수 있기 때문입니다……."
[3] 반 고흐, 「테오에게 보낸 편지」, 같은 책, II, p. 420. "보색들이 동등한 가치로 취해졌을 때…… 그들을 나란히 놓으면 서로서로를 너무나도 격렬한 집중도에까지 올려놓아서, 인간의 눈은 그것들을 참고 보기조차도 힘들 것이다." 반 고흐의 이 서한에서 볼 수 있는 중요한 것들 가운데 하나는 그가 오랫동안 명암과 흑백을 거친 후에 색에 대한 입문적인 경험을 했다는 것이다.

한 행위를 통하여 빛 그리고 시간마저도 생산하기, 색에 의한 명확성······.[4] 회화는 흔히 선적-촉각적, 빛주의적, 색채주의적인 자기 고유의 여러 경향들을 결합함으로써 그 걸작들을 만들어 낸다. 반면 이 경향들을 구별시키고 대립시킴으로써도 걸작을 만든다. 회화에서는 모든 것이 시각적이다. 하지만 시각은 최소한 두 힘을 지닌다. 색채주의는, 자기의 고유한 수단들을 가지고서, 그 옛 이집트의 면들이 서로 분리되고 멀리 떨어지게 된 이래로 시각이 버렸을 만지는 힘을 되돌려주고자 한다고 주장한다. 색채주의의 어휘들, 즉 차고 따뜻할 뿐만 아니라, '터치', '생경한', '생생하게 포착하다', '밝히다' 등은 눈의 이 만지는 힘을 증명한다.(반 고흐가 말하듯이, "눈을 가진 모든 사람이 거기서 명확히 볼 수 있는" 그러한 시력을 말한다.)

스펙트럼의 순서를 따라 순수하고 뚜렷이 구별되는 터치들의 변조는 색의 눈으로 만지는 힘에 도달하기 위해 세잔이 고유하게 발명한 것이

---

4) 리비에르·슈네르브, 『세잔과의 대화』, Macula, p. 89. "세잔의 모든 방식은 형 뜨기의 색채적인 개념에 의해 결정된다. ······ 그가 간편한 붓놀림에 의해 두 색조를 혼합하기를 피했던 까닭은, 그가 형 뜨기를 따뜻함에서 차가움에 이르는 색감들의 연속으로 생각하였기 때문이고, 그에게 있어서 모든 관심은 이 색감들의 각각을 정하는 것이었으며, 이 색감들 가운데 하나를 인접한 두 색감들의 혼합으로 대체한다는 것이 그에게는 예술이 아닌 것처럼 보였기 때문이다. ······ 색에 의한 형 뜨기는 요컨대 그의 언어였는데, 반-색감에서까지 대비를 지키기 위하여, 하얀빛과 검은 그림자를 피하기 위하여, 매우 높은 색조들의 음계를 사용하도록 강요한다······." 테오에게 보낸 앞의 편지에서 반 고흐는 색채주의의 원칙들을 제시한다. 그는 이 원칙들을 인상주의자들보다는 들라크루아에게 소급한다.(그는 들라크루아에게서 렘브란트와는 반대를 보지만 또 유사점을 본다. 렘브란트의 빛에 대한 관계는 들라크루아의 색에 대한 관계와 같다.) 그리고 일차색과 보색에 의해 정의되는 순수 색조들 곁에 반 고흐는 혼합된 색조들을 소개한다. "만약 동일하지 않은 비율로 두 보색을 혼합하면, 이 두 색은 부분적으로만 서로를 파괴한다. 그래서 회색의 잡종일 혼합 색조를 얻게 될 것이다. 그렇다면 두 보색의 병치에 의해 새로운 대비가 탄생할 수 있을 것이다. 하나는 순수한 것이고 다른 하나는 혼합된 것이다······. 마지막으로 만약 두 유사한 색, 하나는 순수하고 다른 하나는 혼합된 두 색이 병치된다면, 예를 들어 순수한 파랑과 회색이 섞인 파랑이 병치된다면 그로부터 다른 종류의 대비가 나올 것이다. 이 대비는 유사에 의해 완화된 대비가 될 것이다. 자기의 색을 흥분시키고 조화스럽게 만들기 위해 들라크루아는 보색 대비와 유사색들의 화합 전체를 사용한다. 달리 말해 혼합된 동일 색조를 통해 활발한 어떤 생경과 색조를 반복한다."(E. II, p. 420)

다. 하지만 코드를 다시 만들어 낼 위험을 무릅쓰고라도, 변조는 두 가지의 요구 사항을 고려하여야 한다. 색채의 진행에 수직적인 공중의 골격과 배경의 동질성의 요구, 그리고 얼룩들에 의해 잘림으로써 문제되고 있는 것 같은 독특한 혹은 특이한 형의 요구.[5] 그 때문에 색채주의는 이 두 가지의 문제에 직면했다. 골격을 만들 아플라들인 동질적인 커다란 색채판들에까지 상승하는 문제와 동시에 진정 한 신체의 볼륨일 다양하고 독특하며 당황하게 하고 알려지지 않은 형을 발명하는 문제이다. 조르주 뒤튀이는 그의 유보에도 불구하고 고갱과 반 고흐에게서 나타나는 '단일적인 관점'과 독특한 인지 사이의 상호 보완성을 자세히 밝히고 있다.[6] 살아 있는 아플라와 둘러싸인 '갇힌' 형상은 일본 예술 혹은 비잔틴 예술 혹은 원시 예술을 다시 드높인다. 고갱의 「라 벨랑젤르」······. 사람들은 이 두 방향으로 파열하면서 상실되는 것은 변조이고, 색채는 모든 변조를 상실한다고 말할 것이다. 그로부터 세잔의 고갱에 대한 평가의 엄격함이 나온다. 하지만 이것은 배경과 형, 아플라와 형상이 서로 소통하지 못했을 때에만 옳은 말이다. 마치 특이한 신체가 단일하고 아무 상관이 없으며 추상적인, 무미하고 평퍼짐한 영역으로부터 떨어져 나왔을 때이다.[7] 하지만 사실 우리는 색채주의와는 뗄 수 없는 관계에 있는 변조가 세잔적인 변조와는 구별되는 전혀 새로운 의미와 기능을 발견했

---

5) 고윙의 분석, *Macula* 3-4.
6) 조르주 뒤튀이, 『기호들의 불(*Le feu des signes*)』, Skira, p. 189. "이러한 회화는 우리의 정신적 시각 속에서 다시 형성되도록 소환된 색감들의 흩어짐을 넓은 색채면들로 다시 데리고 온다. 이 색채면들은 이 색감들이 더 자유롭게 순환하도록 허용한다. 그렇게 함으로써 인상주의로부터 빠져나오는 것이다. 항상 새로운 이미지는 우리의 정신적 시각 속에서 재구성되는 것보다 훨씬 더 잘 스스로를 창조한다. 그러면 형은 그만큼 더 잘 그의 예상치 못했던 활력과 선 그리고 본질적인 간결함을 지닐 수 있을 것이다······."
7) 세잔은 고갱이 '색조들의 통과' 문제를 전혀 알지도 못하고 자기의 '작은 감각'을 훔쳐갔다고 비난하였다. 마찬가지로 사람들은 반 고흐의 여러 그림 중에 보이는 배경의 무기력을 자주 비난한다.(장 파리의 아주 재미있는 책, 『거울들, 수면, 태양, 공간(*Miroirs, Sommeil, Soleil, Expace*)』, Galilée, pp. 135~136 참조)

다고 생각한다. 반 고흐가 자신을 '자의적 색채주의자'[8]라고 자화자찬하면서 말하듯이, 사람들은 모든 코드화의 가능성을 추방하려고 노력한다. 한편으로는, 그것이 아무리 단일화되어 있다 하더라도, 아플라의 생생한 색조는, 가치의 아주 섬세한 차이에 의해서가 아니라 포화의 아주 섬세한 차이를 가지고서, 색채를 넘어가거나 경향으로 포착한다.(예를 들어 노랑이나 파랑이 빨강을 향해 상승하려는 경향. 그리고 비록 완벽한 동질성이 있다 하여도 잠재적인 혹은 '변함없는 넘어가기'가 있다.) 다른 한편으로, 신체의 볼륨은 하나 혹은 여러 혼합된 색조에 의해 주어진다. 이 혼합 색조들은 다른 유형의 넘어가기를 형성하는데 그 속에서 색은 불로 구워지거나 혹은 그로부터 나오는 것 같다. 위태로운 비율로 보색들을 혼합하면서, 혼합 색조는 색을 도자기와 경쟁할 열 혹은 굽기에 종속시킨다. 반 고흐의 룰렛을 구성하고 있는 것 가운데 하나는 백색으로 가는 파랑을 펼치고, 반면에 얼굴의 살은 '노랑, 초록, 보라, 장밋빛, 빨강'의 혼합 색조로 처리된다.[9](살이나 신체가 단 하나의 혼합 색조로 처리될 수 있다는 가능성은 아마도 마리티니크와 타이티에서 이루어진 고갱의 발명품들 가운데 하나일 것이다.) 따라서 변조의 문제는 생경한 색이 아플라로 넘어가는 문제이고, 혼합된 색조의 넘어가기 문제이며, 이 두 넘어가기 혹은 색채적 움직임의 깊은 관계의 문제이다. 여기에 동조한 사람들은 세잔에게는 살만큼 골격

---

8) 반 고흐, 「테오에게 보낸 편지」, 앞의 책, p. 165, "(그 그림을) 마치기 위해, 나는 이제 자의적 색채주의자가 될 것이다."

9) 반 고흐, 「베르나르에게 보낸 편지」(1888년 8월 초), 앞의 책, III, p. 159.(그리고 p. 165) "볼품 없는 아파트의 평범한 벽을 그리는 대신에 나는 무한을 그립니다. 나는 가장 풍부하고 가장 강렬한 파랑의 단순한 배경을 그립니다." 그리고 고갱은 슈프네케르에게 보낸 1888년 10월 8일자 편지에서, "나는 벵상을 위해 나의 초상화를 그립니다. ...... 그 색은 자연과는 거리가 먼 색입니다. 큰 불에 의해 뒤틀려진 도기의 흐릿한 추억을 그려 보세요. 모든 빨강과 보랏빛은, 화가의 생각이 투쟁하는 장소인, 눈부시도록 타오르는 큰 가마와도 같은 불의 파열에 의해 금이 그어졌습니다. 모든 것은 어린아이의 꽃다발이 점점이 뿌려진 색채의 배경 위에 있습니다. 순결한 소녀의 방이지요."(고갱, 『편지』, Grasset, p. 140) 고갱의 「라 베랑제르」는 베이컨에게 있어서 중요한 원칙이 될 것을 제시한다. 아플라, 동그라미로 둘러싸인 형상-머리, 그리고 대상-증인까지......

도 결여되어 있다고 비난한다. 그러나 결코 세잔적인 변조가 무시된 것이 아니고, 색채주의가 발견한 것은 그의 변조와는 다른 변조이다. 그로부터 세잔적 서열상의 변화가 뒤따른다. 세잔에게서 변조는 특히 풍경이나 정물에 적합하였지만, 이 새로운 관점으로부터 이제는 우월권이 초상으로 넘어가고, 화가는 다시 초상화가가 된다.[10] 그것은 살이 혼합된 색조를 부르고, 초상화가 머리라는 볼륨적인 신체와 아플라로 된 단일 배경으로 되어 있기 때문에 혼합 색조와 생생한 색조를 공명하는 데 적합하기 때문이다. '현대 초상화'는 빛과 녹아 흐르는 색조인 과거의 초상화와는 달리 색채이고 혼합된 색조이다.

베이컨은 반 고흐와 고갱 이래 가장 훌륭한 색채주의자들 가운데 한 사람이다. 대담 중에 그가 색의 특성으로서 '명증한 것'에 호소하는 것은 이러한 색채주의자로서의 선언적 가치가 있다. 그에게 있어서 혼합 색조는 형상에게 신체를 주고, 생생한 혹은 순수한 색조는 아플라에게 골격을 준다. 회반죽과 매끄러운 강철이라고 베이컨은 말한다.[11] 변조의 모든 문제는 이러한 살적인 물질과 단일한 커다란 판, 이 둘의 관계 속에 있다. 색은 녹은 채로 존재하는 것이 아니라, 명증성의 두 양태로 존재한다. 생생한 색채의 해변과 혼합 색조의 유출. 해변과 유출, 유출은 신체 혹은 형상을 주고, 해변은 골격 혹은 아플라를 준다. 그래서 시간마저도 색으로부터 두 번 유래하는 것 같다. 하나는 흘러가는 시간으로서, 살을 구성하는 혼합 색조들의 색채적 변화 속에 있다. 다른 하나는 시간의 영속으로서, 다시 말해 아플라의 단일 색 속에 있는 것으로, 흘러감 그 자체의 영속성이다. 그리고 색의 이러한 처리는 그 나름대로 자신에게 고

---

10) 반 고흐, 「누이에게 보낸 편지」(1890), 앞의 책 III, p. 468. "내 직업 가운데 다른 모든 것보다 훨씬, 아주 훨씬 나를 사로잡는 것은 초상화, 현대 초상화이다. 나는 초상화를 색채로 추구한다……."
11) E. II, p. 85.

유한 위험을 가지고 있는데, 그 위험이란 그것이 없다면 회화도 있을 수 없을 그러한 대재난에 해당하는 것이다. 첫 번째 위험은 우리가 보았듯이 배경이 무관하게 남아 있고, 무기력하며, 추상적이고 고착된 상태로 있는 것이다. 다른 위험은 형상이 그의 혼합된 색조를 혼란스럽게 되도록 하고, 녹아 흐르도록 하며, 명증성으로부터 벗어나 무미건조함 속으로 떨어지는 것이다.[12] 고갱이 그 때문에 그렇게도 고통받았던 이 모호성을 베이컨도 말러리슈 시기에 다시 발견한다. 혼합 색조가 그림 전체를 모호하고 어두컴컴하게 만들어 버리는 혼합이나 녹아 내리기 이상을 형성하지는 못하는 것 같다. 그러나 사실은 전혀 그렇지 않다. 어두운 커튼이 떨어진다. 하지만 두 면들, 즉 형상의 전면과 아플라의 후면을 분리하고 그 사이로 들어오는 미미한 깊이를 채우기 위해서이다. 그래서 커튼은 원칙적으로 자신들의 명증성을 각각 지키고 있는 두 면들의 조화로운 관계를 끌어내기 위해 떨어지는 것이다. 그래도 말러리슈 시기가, 최소한 이 시기가 재도입하였던 광학적 효과로 인해, 위험을 건드리고 있다는 문제가 남는다. 그 때문에 베이컨은 이 시기로부터 빠져나올 것이다. 그리고 그 방식도 또한 고갱을 연상시키는 것이다.(이 새로운 유형의 깊이를 발명했던 사람 역시 바로 고갱이 아니었던가?) 베이컨은 미미한 깊이는 그 자체로서 가치를 가지도록 그냥 놓아두고, 그럼으로써 깊이로 하여금 일단 이렇게 구성된 눈으로 만지는 공간 속에서 두 면 사이에 맺을 수 있는 모든 가능한 관계를 끌어내도록 할 것이다…….

---

12) 위스망스의 비평에 따르면, 고갱에게서는, 특히 초기에, 그가 벗어나기 힘들었던 "허옇게 뜨고 둔탁한 색들"이 있었다. 베이컨도 말러리슈 시기에는 동일한 문제에 봉착한다. 다른 위험, 즉 무기력한 배경에 대해 말하자면, 베이컨 역시 그 문제에 봉착한다. 바로 그 때문에 베이컨은 빈번하게 아크릴 작업을 포기한다. 유화는 고유한 생이 있는 반면에, 사람들은 아크릴 회화가 어떻게 움직일지를 미리 알고 있다.(E. II, p. 53 참조)

16 색에 관한 한마디

우리는 베이컨 회화의 기본적인 세 요소가 골격 혹은 구조, 형상, 윤곽임을 보았다. 그리고 직선적이거나 곡선적인 터치들은 이미 골격에 고유한 윤곽과 형상에 고유한 윤곽을 표시한다. 그럼으로써 촉각적인 주형을 재도입하는 것처럼 보인다.

그러나 한편으로 이 선들은 색의 여러 다양한 양태들을 추인하고 있을 따름이다. 그리고 다른 한편으로는 제3의 윤곽이 있는데, 이것은 골격인 것도, 형상인 것도 아닌, 선인 것인 만큼 표면 혹은 볼륨으로서 자율적인 요소의 상태로 상승한 것이다. 이것은 바로 동그라미, 트랙, 물웅덩이 혹은 받침돌, 침대, 매트리스, 소파 등으로 이번에는 동일하거나 혹은 거의 동일한 것으로 간주되도록 가까이 접근한 한 면 위에서 형상과 골격의 공통적인 경계를 표시한다. 따라서 서로 구별되는 세 요소들이다. 그리고 세 요소 모두 색을 향해, 색 속에서 수렴된다. 그래서 변조가, 다시 말해 색의 관계들이 전체의 통일성, 각 요소의 분배, 그리고 각 요소가 다른 것들 속에서 움직이는 방식을 한꺼번에 설명한다.

여기서 마르크 르 보트에 의해 분석된 예를 보자. 1976년의 「세면대

[29] 에 서 있는 형상」은 "회전적인 소용돌이와 빨간 암초를 가진, 황토색의 강에 의해 실려 온 표류물과 같다. 그의 공간적인 이중적 효과는 아마도 색이 다시 던져지고 가속화되도록, 색의 무제한적인 팽창을 국지적으로 다시 조이고 또 한순간 묶는 것이다. 프란시스 베이컨의 그림 공간은 이렇게 넓다란 색 유출에 의해 지나가게 된다. 비록 공간이 여기서 쪼개는 것들에 의해 단절되기는 하였지만 그의 단색 속에서 동질적이고 흐르는 듯한 하나의 덩어리에 비유될 수 있다 하여도, 기호들의 체제는 안정적인 척도를 가진 어떤 기하학에 속할 수는 없다. 기호 체제는 이 그림에서는 시선을 밝은 황토색으로부터 붉은색으로 미끄러지게 하는 어떤 역동성에 속한다. 그 때문에 방향을 나타내는 화살표가 거기 새겨질 수 있다……."[1] 우리는 그 분배를 잘 안다. 배경으로서, 그리고 골격을 주는 커다란 단색의 황토색 해변이 있다. 자율적인 힘으로서 윤곽이 있다.(암초) 암초는 그 위에 형상이 달라붙어 있는 베개 혹은 쿠션의 자줏빛으로서, 초콜릿 사탕의 검정과 연결되고 구겨진 신문의 백색과 대비를 이룬 자줏빛이다. 마지막으로 형상이 있는데, 황토색, 빨강 그리고 파랑의 혼합 색조들의 유출로서이다. 하지만 다른 요소들이 있다. 우선 황토색 아플라를 자르는 듯한 검은색의 차양이 있다. 이어 세면대가 있는데, 이것조차도 혼합된 푸르스름함이다. 그리고 길다란 관이 있는데, 굽혀졌으며, 황토색의 손적인 얼룩들로 칠해져 있다. 이 관은 베개 형상 세면대를 둘러싸며 또 아플라를 자른다. 우리는 이 이차적이지만 필수적인 요소들의 기능을 안다. 첫 윤곽이 다리를 위한 것이었듯이 세면대는 자율적인 제2의 윤곽으로서 형상의 머리에 대한 것이다. 관 자체도 자율적인 제3의 윤곽으로서, 그 위쪽 가지가 아플라를 두 개로 가른다. 차양에 대해 말하자면, 베이컨에게는 중요한 수법으로서, 차양이 형상과 아플라를 분할하

---

1) Marc Le Bot, 「공간들」, *L'Arc* n° 73; 존 러셀, 『프란시스 베이컨』.

는 미미한 깊이를 채우고, 전체를 단 하나의 동일한 면 위로 데리고 오도록 아플라와 형상 사이로 떨어지는 만큼 그 역할은 더욱 중요하다. 이것은 색들의 풍요로운 소통이다. 형상의 혼합 색조는 아플라의 순수 색조를 다시 취하고 또 붉은 쿠션의 순수 색조도 다시 취한다. 그리고 거기에 세면대의 색조, 붉은 순수 색조와 대조를 이룬 혼합된 푸른색과 공명하는 푸르스름함이 더해진다.

그로부터 첫번째 질문이 나온다. 해변 혹은 아플라의 양상은 무엇이며, 아플라 속에서 색의 양상은 무엇이고, 어떻게 아플라가 골격 혹은 구조를 만드는가? 만약 아주 의미심장한 삼면화의 예를 들어 보면, 우리는 단색으로 된 생경한 아플라들, 오렌지색, 빨강, 황토색, 황금빛 노랑, 초록, 보라, 장밋빛의 아플라들이 펼쳐짐을 본다. 따라서 초기에는 변조가 여전히 가치의 변화에 의해서 얻어질 수 있었지만,(1944년의 「십자가형 아래 형상들의 세 연구」처럼) 곧이어 변조는 오직 강렬함이나 포화 정도의 내적 변화로 구성되고, 이러한 변화 자체도 이러저러한 아플라 영역의 인접 관계에 따라 변한다. 이러한 인접 관계는 여러 가지 방식으로 결정된다. 때로 아플라 그 자체가 다른 집중도나 다른 색의 대범한 부분들을 가진다. 이러한 방식이 삼면화에서는 드문 것이 사실이지만, 간단한 그림들에서는 자주 소개된다.(1946년의 「회화」나 1960년의 「교황 II」에서 초록색 아플라의 보랏빛 부분들.) 때로는 삼면화에서 흔히 있는 방식으로 아플라는 커다란 곡선적인 윤곽에 의해 제한되고 또 내용물처럼 자기 자신으로 되돌아 온다. 이 거대한 곡선적 윤곽은 최소한 그림의 아래쪽 반을 차지하고, 미미한 깊이 속에서 수직적인 아플라와 결합하여 수평면을 형성한다. 이 거대한 윤곽은, 그 자체가 더욱 밀착된 다른 윤곽들의 외적 경계에 불과하기 때문에, 어떤 의미에서는 여전히 아플라에 속한다. 그래서 1962년의 「십자가형을 위한 세 연구」에서 우리는 오렌지색의 커다란 윤곽이 붉 [46]

[88]

[31, 49]

은 아플라를 존중하고 있음을 본다.「증인들과 함께 침대에 누워 있는 두
[42] 형상」에서는 보라색 아플라가 거대한 붉은 윤곽으로 둘러싸여 있다. 또
아플라는 때로 그를 전부 가로지르는 가늘고 하얀 막대에 의해 가로막힌
[8] 다.(1970년의 장밋빛으로 된 아주 아름다운 삼면화의 세 면.) 부분적으로는 세
면대에 있는 남자도 그러한 경우로서, 연한 연둣빛 아플라가 윤곽에 달
[29] 린 것 같은 하얀 막대에 의해 가로질러진다. 마지막으로 아플라가 다른
색의 띠나 테이프를 품고 있는 일이 흔히 있다. 1962년의 오른쪽 널빤지
[46] 의 경우로서, 수직의 초록 띠를 제시한다. 혹은 첫 투우 그림에서도 오렌
[22] 지색 아플라가 보라색 띠에 의해 강조된다.(두번째 투우 그림에서는 하얀
막대에 의해 대체된다.) 그리고 1974년 삼면화의 두 바깥 널빤지에서는 푸
[33] 른 띠가 초록 아플라를 수평으로 지나간다.

아마도 가장 순수한 회화적 상황은 아플라가 분할되거나 제한되지 않
고, 또 가로막히지도 않으며, 그림 전체를 덮을 때 나타난다. 예를 들어
[4] 중간 크기의 윤곽을 둘러싸거나,(1970년의 」인간 신체의 연구들」에서 오렌
지색 아플라에 의해 둘러싸인 초록색 침대) 혹은 사방에서 조그만 윤곽을 포
[8] 위하는 경우이다.(1970년의「삼면화」중심에서) 사실 바로 이러한 조건에
서 그림은 진정으로 공기적으로 되고, 단색적인 시간의 영원성에 도달하
듯이 극대의 빛에 도달한다.(「색채시간」) 하지만 아플라를 지나가는 띠의
경우도 마찬가지로 재미있고 중요하다. 왜냐하면 이 경우는 동질적인 색
채의 영역이 주변 관계의 기능에 따라 내적으로 섬세하게 변하는 방식을
직접 보여 주기 때문이다.(영역-띠라는 동일한 구조가 뉴먼과 같은 추상적
인 표현주의자들에게서 다시 발견된다.) 그로부터 아플라 자체를 위한 일종
의 시간적인 혹은 연속적인 인식이 나온다. 그리고 이것은 일반적인 규
칙으로, 비록 다른 경우, 즉 주변 관계가 커다란 윤곽 혹은 중간적이거나
조그만 윤곽의 선에 의해 이루어질 때에도 적용되는 규칙이다. 윤곽이

작거나 국지화되면 삼면화는 그만큼 더 공기적으로 될 것이다. 예로서 1970년의 작품에서 푸른색의 동그라미와 황토색의 체조 도구는 하늘에 매달려 있는 것처럼 보인다. 하지만 그때마저도 아플라는 어떤 시간 형태의 영속성에까지 상승한 시간적 인식 대상이 된다. 이것이 바로 어떤 의미에서 단일적인 아플라가, 다시 말해 색이 구조 혹은 골격을 만드는가 하는 것이다. 아플라는 내재적으로 하나 혹은 몇 개의 주변 관계 영역을 내포하고 있다. 이 주변 관계 영역은 어떤 종류의 윤곽이(가장 커다란 윤곽이) 혹은 윤곽의 한 모습이 그에게 속하도록 한다. 따라서 골격은 커다란 윤곽으로 정의된 수평면과 아플라의 결합으로 구성될 수 있다. 이 경우는 미미한 깊이의 활발한 존재를 내포한다. 하지만 골격은, 모든 깊이가 부정된 상태에서 아플라 속에 형상을 매다는 선적인 체조 도구 시스템으로도 구성될 수 있다.(1970) 혹은 마지막으로, 골격은 우리가 아직 고려하지는 않았던 특수한 아플라의 일부분의 활동으로도 구성될 수 있다. 사실 아플라는 검은 부분을 포함하는 일이 있는데, 때로는 국한되기도 하고,(1960년의 「교황 II」, 1962년의 「십자가형을 위한 세 연구」, 1967년의 [50, 46] 「거울 속을 뚫어지게 바라보는 조지 다이어의 초상」, 1972년의 「삼면화」, 1972년 [35, 77] 의 「계단을 내려오는 남자의 초상」), 때로는 넘쳐나고,(1973년의 「삼면화」) 때 [68, 30] 로는 전부 혹은 전 아플라를 구성한다.(1967년의 「인간 신체에 따른 세 연 [28] 구」) 따라서 검은 부분은 가능할 수도 있는 다른 부분들과 같은 방식으로 움직이지 않는다. 이 부분은 말러리슈 시기에 커튼이나 녹아 흐르던 것에 속하던 역할을 맡는다. 이 부분은 아플라가 앞으로 내닫도록 하고, 미미한 깊이를 긍정하지도 부정하지도 않으며 단지 이 미미한 깊이를 적절하게 채운다. 우리는 이것을 특히 조지 다이어의 초상에서 본다. 1965년 의 「십자가형」에서만 유일하게 검은 부분이 반대로 아플라로부터 물러 [47] 나 있다. 이것은 베이컨이 아직도 이러한 검정의 새로운 공식에 단숨에 도달하지는 못했음을 보여 준다.

이제 우리가 다른 용어, 즉 형상으로 넘어가 보면, 우리는 혼합 색조 형태를 한 색의 유출 앞에 서게 된다. 혹은 차라리 혼합 색조들이 형상의 살을 구성한다. 이러한 자격으로 혼합 색조는 세 가지 방식으로 단색의 넓은 색면에 대립한다. 혼합 색조는 동일하지만 생생하고 순수한 혹은 전체적인 어떤 색조에 대립한다. 다음으로 두텁게 끈적거리는 혼합 색조는 아플라와 대립한다. 마지막으로 혼합 색조는 다색이다.(살이 단 하나의 혼합 색조의 초록으로 처리되어 테이프의 순수한 초록과 공명하고 있는 1974년의
[87] 「삼면화」를 제외하고.) 색의 유출이 다색일 때에는 흔히 파랑과 빨강이 지배한다. 이 색들은 고기를 지배하는 색조들이다. 그렇다고 고기에서만은 아니고, 초상화의 신체와 머리에서도 지배적이다. 1970년의 커다란 남자
[36, 51] 의 등이나 1959년의 미스 벨처의 초상화에서 빨강과 푸르스름한 색이 초록의 아플라 위에 놓인다. 특히 머리 초상화에서는 색의 유출이 형상적인 일련의 역동적 가치들을 취하기 위해 십자가의 고기에서 가졌던 너
[80, 79] 무 쉽게 비극적이고 구상적인 모습을 상실한다. 또 많은 머리 초상화들은 파랑-빨강의 지배적인 색조에 다른 것들, 특히 황토색을 더한다. 아
[81, 82] 무튼 형상을 혼합 색조로 처리하는 것을 설명하는 것은 신체와 살의 고기와의 친화력이다. 옷과 그림자와 같은 형상의 다른 요소들은 다른 처리를 받는다. 구겨진 옷은 밝음과 어둠, 그림자와 빛의 가치를 견지할 수 있다. 하지만 반대로 그림자 그 자체는, 즉 형상의 그림자는 순수하고 생
[3] 경한 색조로 처리될 것이다.(1970년 「삼면화」의 아름다운 파란 그림자.) 따라서 혼합 색조의 풍부한 유출이 형상의 신체를 변조하는 한, 색은 전과는 전혀 다른 체제 속으로 들어감을 보게 된다. 우선 유출은 시간의 내용물과도 같은 신체의 섬세한 변화를 새기고, 반면에 단색의 해변 혹은 아
[36] 플라는 시간의 형태로서 일종의 영속성에까지 상승한다. 두번째로 색-구조는 색-힘에 자리를 물려준다. 왜냐하면 각각의 지배색, 즉 각각의 혼합 색조는 신체 혹은 머리에 상응하는 지역에 대한 어떤 힘의 즉각적인 행

사를 지적하기 때문에, 각 혼합 색조는 어떤 힘을 즉시 보이도록 해 준다. 마지막으로 아플라의 내적 변화는 여러 가지 방식으로 얻어진 인접 지역의 기능에 따라 정의되었다.(예를 들어 테이프의 인접.) 하지만 유출이 인접 관계에 있는 것은, 바로 모든 힘들의 적용점 혹은 요동의 장소로서 돌발 표시다. 그리고 물론 이 인접 관계는, 돌발 표시가 신체 혹은 머릿속에서 일어나는 경우처럼, 공간적일 수 있다. 하지만 이 관계는, 돌발 표시가 다른 곳에 위치하거나 다른 곳에서 새끼를 치는 경우처럼, 위상학적으로 되거나 멀리서 행해질 수 있다.(1967년의 「소호 거리에 서 있는 이사벨 로스톤의 초상화」) [91]

윤곽의 문제가 남는다. 우리는 그의 증폭하는 힘을 안다. 왜냐하면 작은 윤곽을(동그라미) 감싸는 중간 윤곽이 있고,(의자) 중간 윤곽을 감싸는 커다란 윤곽이(양탄자) 있을 수 있기 때문이다. 혹은 「세면대에 서 있는 남자」의 세 윤곽들이 있다. 이 모든 경우, 색은 촉각적-광학적인 그의 옛 기능을 재발견하였고, 닫혀진 선에 종속한다고 말할 것이다. 특히 커다란 윤곽들은 곡선적이거나 각이 진 선을 제시하는데 이 선은 수평면이 최소한의 깊이에서 수직면으로부터 벗어나는 방식을 표시한다. 하지만 색은 외양적으로만 선에 종속한다. 왜냐하면 여기서 윤곽은 형상의 윤곽이 아니라 그림의 자율적인 요소 안에서 만들어지기 때문이다. 이 자율적인 요소는 색에 의해 결정되고, 따라서 선은 색으로부터 나온다. 그 반대가 아니다. 따라서 색은 선과 윤곽을 만든다. 예를 들어 커다란 윤곽들은 대부분 양탄자처럼 처리될 것이다.(1963년의 「남자와 어린아이」, 1966년의 「루시안 프로이트의 초상화를 위한 세 연구」, 1968년의 「거울 속을 뚫어지게 바라보는 조지 다이어의 초상화」) 사람들은 이것을 색의 장식적인 체제라고 말할 것이다. 이 세번째 체제는 작은 윤곽에서 더 잘 보인다. 여기서는 형상이 일어서고, 매력적인 색들을 펼칠 수가 있다. 예를 들어 1972년의 「삼면화」에서 중앙 판의 완전한 보라색 타원은 오른쪽과 왼쪽의 불확 [86] [9] [35] [76]

16 색에 관한 한마디 **171**

[27] 실한 장밋빛 반점에게 자리를 만들어준다. 또 1978년의 「회화」에서 오렌지색-황금색 타원은 문 위에서 빛을 낸다. 이러한 윤곽 속에서 사람들은 옛 회화에서 후광에게 부여되었던 기능을 재발견한다. 세속적인 용법 속에서 이제는 형상의 발 아래 놓였건만, 후광은 그래도 형상에게 집중된 반사 기능을 가지고 있으며, 형상의 균형을 유지하고, 색의 체제로부터 다른 체제로 넘어가도록 하는 색채적 압축 기능을 가지고 있다.[2]

색채주의(변조)는 고려된 색들에 따라 변하는 팽창과 수축의 관계로만, 따뜻하고 차가운 관계로만 구성되지 않는다. 색채주의는 색의 체제로도, 이 체제들의 관계로도, 순수 색조와 혼합 색조 사이의 조화로도 이루어진다. 사람들이 눈으로 만지는 시각이라고 부르는 것은 엄밀히 말해 색들의 이러한 의미이다. 이 의미 혹은 이 시각은 회화의 삼요소인 골격, 형상, 윤곽이 색채 속에서 소통하고 수렴함에 따라 더욱더 전체성과 관계한다. 마이클 프라이드가 몇몇의 색채주의자들에 대해 행하였듯, 이러한 시각이 일종의 '멋'을 내포하는가 하는 질문이 제기될 수 있다. 멋은 유행을 따른 단순히 자의적인 것이 아니라 잠재적인 창조적 힘이 될 수 있는가?[3] 베이컨은 이 멋을 그의 장식가의 과거로부터 가져왔는가? 베이컨의 멋은 특히 골격과 아플라의 체제에서 행사되는 것처럼 보인다. 하지만 형상들이 때로는 그들에게 괴물 같은 모습을 주는 형과 색을 가지듯이, 윤곽도, 마치 베이컨의 냉소가 기꺼이 장식에 반하여 행사되었

---

2) 『공간과 시선』(Seuil, p. 69 이하)에서 장 파리는 공간과 빛 그리고 색의 관점에서 후광에 대한 재미있는 분석을 한다. 그는 또 성 세바스티아누스와 성 위르쉴의 경우에 있어서 화살표들을 공간적 벡터로서 분석한다. 우리는 베이컨에게 있어서 순수하게 지적하는 화살표들은 이러한 성스러운 화살표들의 마지막 잔여물이라고 생각할 수 있고, 짝을 지은 형상들을 향해 선회하는 원들은 후광의 잔여물들이라고 생각할 수 있다.

3) Michael Fried, 「세 명의 미국 화가(Trois peintres américains」 *Peindre* 10~18. pp. 308~309.

듯이, 때로는 '보기 싫은' 모습을 띤다. 특히 커다란 윤곽이 양탄자처럼 제시될 때는, 우리는 언제나 거기서 특히 추한 모습을 본다. 「남자와 어린아이」에 대해 러셀은 다음과 같이 말하기조차 한다. "양탄자 자체가 흉칙한 종류이다. 베이컨이 한두 번 토텐햄 코트 로드와 같은 길을 혼자 걷는 것을 보고서, 나는 베이컨이 얼마나 뚫어질 듯하고 포기한 듯한 시선으로 이러한 종류의 진열창을 관찰하는지 알게 되었다.(그의 아파트에는 양탄자가 없다.)"[4] 하지만 외양은 구상에만 해당될 따름이다. 벌써 형상은 죽지 않고 아직 살아남아 있는 구상의 관점에서만 괴물처럼 보인다. 우리가 이것을 '형상적으로' 보자마자 괴물적이 되기를 멈춘다. 왜냐하면 그렇게 되면 형상들은 그들이 채우고 있는 일상적인 업무에 따라, 그리고 그들이 직면한 순간적인 힘의 기능에 따라 가장 자연스러운 포즈를 취한다는 것을 보여 준다. 마찬가지로 가장 흉측한 양탄자도 우리가 그것을 '형상적으로' 포착하면, 다시 말해 양탄자가 색과의 관계에서 행사하는 기능에 따라 포착되면, 흉측하게 되기를 멈춘다. 사실 「남자와 어린아이」의 양탄자는 그 빨간 선들과 푸른 영역들을 가지고서 수직적인 보라색 아플라를 분해하고, 우리를 이 수직적인 보라색의 순수 색조로부터 형상의 혼합 색조로 넘어가게 한다. 이것은 나쁜 양탄자라기보다는 수련에 더 가까운 색-윤곽이다. 색 안에는, 즉 다양한 색채의 체제 안에는 창조적인 멋이 있다. 이 다양한 색 체제는 고유하게 시각적인 재치 혹은 시각의 만지는 힘을 구성한다.

[86]

---

4) 존 러셀, 앞의 책, p. 121.

17 눈과 손

 선과 색에 의한, 필치와 얼룩에 의한 회화의 두 정의는 정확하지 못하다. 왜냐하면 하나는 시각적이고 다른 하나는 손적이기 때문이다. 눈과 손의 관계 그리고 그를 통해 이 관계가 통과하는 가치들을 특징짓기 위해 눈은 판단하고 손은 작업한다고 말하는 것은 분명 충분치 않다. 눈과 손의 관계는 훨씬 더 풍부하고, 역동적인 긴장, 논리적인 뒤집기, 기관적인 교환과 대리를 통과한다.(포시용의 「손의 찬가」라는 유명한 텍스트는 이 것을 고려하지 않은 것 같다.)

 붓과 이젤은 일반적으로 손의 종속을 표현할 수 있다. 하지만 화가란 결코 붓에 만족하지 않는다. 손의 가치들 속에서 여러 가지 모습을 구분하여야 한다. 코드적인 모습, 촉각적인 모습, 고유하게 손적인 모습 그리고 눈으로 만지는 모습. 코드적인 모습은 눈에 대한 손의 극대의 종속을 표시한다. 시각은 내적인 것이 되고 손은 손가락으로 축소된다. 다시 말해 손은 순수한 시각적 형태에 상응하는 단위들을 선택하기 위해서만 개입한다. 손이 종속되면 종속될수록 시각은 '이상적인' 광학적 공간을 발전시키고 자신의 형들을 광학적 코드에 맞게 포착하는 경향을 띤다. 하지만 이 광학적 공간도 최소한 초기에는 그가 거기에 접속되어 있는 손적인 근거를 제시한다. 우리는 이러한 잠재적인 근거들을 촉각적이라고 부를 것이다. 깊이, 윤곽, 명암에 의한 형 뜨기 등이 여기에 속한다. 손의 이러한 눈으로의 느슨한 종속은 이번에는 손의 진짜 비종속에게 자리를 넘겨줄 수 있다. 그림은 시각적인 현실로 남아 있기는 하겠지만 시각에게 부여되는 것은 시각이 거의 뒤쫓을 수 없고 광학적인 것을 해체시켜 버리는 형 없는 공간이고 쉴새없는 움직임이다. 우리는 이렇게 전도된 관계를 손적이라고 부를 것이다. 마지막으로 더 이상 이러저러한 의미로 밀접한 종속도 없고, 느슨한 종속이나 잠재적인 결합도 없을 때 눈으로 만지는 것이라고 부를 것이다. 이때는 시각 자체가 자신에게 고유하며, 광학적 기능과는 구별되어 오직 자신에게만 속하는 접촉 기능을 자체 내에서 발견하게 될 것이다.[1] 그러니까 화가가 눈으로 그리지만, 눈으로 만지는 한에서만 그린다고 말할 것이다. 그리고 아마도 이 눈으로 만지는 기능은 우리가 그 비밀을 잃어버린 옛 형태 속에서(이집트 예술) 직접 그리고 단숨에 그 꽉찬 의미를 갖는다. 하지만 이 기능은 또 손적인 격렬함과 비종속으로부터 출발한 '현대적' 눈 속에서 다시 창조될 수 있다.

촉각적-광학적 공간과 구상으로부터 출발하자. 그렇다고 이 둘의 성격이 동일한 것은 아니다. 구상 혹은 구상적 외양은 차라리 이 공간의 결과이다. 그리고 베이컨에 따르면 이러저러한 방식으로 구상 속에 있어야 할 것은 바로 이 공간이다. 우리는 선택의 여지가 없다.(촉각적-광학적 공간은 최소한 잠재적으로 혹은 화가의 머릿속에 있을 것이다······. 그리고 구상은 미리 존재하는 것으로 혹은 미리 만들어진 것으로 거기 있을 것이다.) 따라

---

[1] "눈으로 만지는"이라는 말은 리에글이 어떤 비평들에 대답하면서 만들어졌다. 이 말은 *Spätrömische Kunstindustrie*(1901) 초판에서는 나타나지 않는다. 여기에서는 "촉각적인"이라는 말로 만족한다.

서 손적인 '사용된 돌발 표시'가 대재난으로서 단절하는 것은 바로 이 공간과 이 공간의 결과이다. 돌발 표시는 오로지 눈에 종속되지 않은 얼룩과 터치들로 이루어진다. 그리고 무엇인가가 돌발 표시로부터 보고 곧 나온다. 간단히 말해서, 베이컨에 따르면 사용된 돌발 표시의 법칙은 바로 이것이다. 사람은 구상적 형태로부터 출발한다. 사용된 돌발 표시는 구상적 형태를 혼탁하게 하기 위해 개입한다. 그러면 형상이라고 명명된 전혀 다른 성격의 형태가 그로부터 나온다.

베이컨은 우선 두 경우를 인용한다.[2] 1946년의 「회화」에서 베이컨은 [31] "들판에 내려앉고 있는 새를 그리려고 하였다", 하지만 새겨진 터치들은 갑자기 일종의 독립을 획득하여 "전혀 다른 무엇을", 우산을 쓴 남자를 환기하였다. 그리고 머리들의 초상화에서 화가는 유기적인 닮음을 추구한다. 하지만 "한 윤곽에서 다른 윤곽으로의 회화의 움직임 그 자체가" 더 깊은 닮음을 해방하여 사람들은 더 이상 눈, 코, 입 등의 기관들을 구분하지 못하게 된다. 그것은 바로 사용된 돌발 표시가 코드화된 공식이 아니기 때문이다. 사용된 돌발 표시와 공식이라는 극단적인 경우는 우리로 하여금 작업의 상호 보충적인 차원을 도출하도록 해 주어야 한다.

사람들은 사용된 돌발 표시가 우리를 하나의 형에서 다른 형으로, 예를 들어 새의 형에서 우산의 형으로 넘어가도록 하고, 이러한 의미에서 변형의 대리인이라고 믿을 수 있다. 하지만 초상화의 경우에는 그렇지 못하다. 여기서는 단지 동일한 형의 한 끝에서 다른 끝으로만 넘어간다. '회화'에 있어서까지도 베이컨은 한 형에서 다른 형으로 넘어가지 않는다고 터놓고 말한다. 사실 새는 특히 화가의 의도 속에서만 존재한다. 그

---

2) *E. I*, pp. 30~34.

리고 새는 실제로 집행된 그림 전체에, 혹은 좋다면, 인간은 그 밑에 있고 고기는 위에 있는 일련의 우산에게 자리를 넘긴다. 게다가 사용된 돌발 표시는 우산의 층리에 있는 것이 아니라 그보다 훨씬 아래 약간 왼쪽의 혼탁한 영역 속에 있다. 그러면서 이 영역은 검은 해변을 통해 전체와 소통한다. "하나가 다른 것의 머리 위로 솟아오르는"[3] 우발적인 일련의 것들로서 모든 일련의 것들이 나오는 것은 바로 이 돌발 표시로부터이다. 사용된 돌발 표시는 그림의 중심이고 근접된 시각점이다. 우리가 의도적인 구상적 형태로서 새로부터 출발하게 되면, 우리는 그림 속에서 이 형태와 상응하는 것, 이 형태와 진짜로 유사한 것을 보게 되는데, 그것은 (단지 구상적 유사 혹은 닮은 유사를 정의할 따름인) 형태-우산이 아니라 바로 일련의 것 혹은 형상적인 전체이다. 이것들이 진정한 미학적 유사성을 구성한다. 날개와 유사한 것으로서 일어나 오르는 고기의 팔들, 떨어지거나 닫히는 우산 조각들, 톱니 모양의 부리와 같은 인간의 입. 어떤 다른 형태가 새를 대신하는 것이 아니라 전혀 다른 관계들이 새를 대신한다. 이 전혀 다른 관계들이 새와 미학적으로 유사한 것으로서 전체적인 형상을 야기한다.(고기의 팔들과 우산 조각들 그리고 인간의 입 사이의 관계들.) 돌발 표시-우발적인 것이 새라고 하는 의도적인 구상적 형태를 혼탁하게 하였다. 이것이 단지 새와 같은 성격, 동물적인 성격을 나타내는 특징들로서 기능하는 비형태적인 얼룩들과 터치들을 부여한다. 그리고 최종적인 전체가 나오는 곳은 바로 이 물웅덩이와 같은 구상적이지 않은 특징들로부터이다. 이 특징들은 최종적 도달의 전체에 그것에 고유한 구상을 부여할 뿐만 아니라 이 전체를 순수한 형상의 힘에까지 상승시킨다.

---

[3] E. I, p. 30. 베이컨은 덧붙인다. "그래서 나는 이러한 것들을 했다. 나는 이것들을 점진적으로 하였다. 또한 나는 새가 우산을 불러일으켰다고는 생각하지 않는다. 새는 단숨에 이 모든 이미지를 불러일으켰다." 이 텍스트는 모호해 보인다. 왜냐하면 베이컨은 점진적인 일련의 것들과 단숨에 전체라는 두 모순적인 생각을 동시에 말하기 때문이다. 하지만 둘 다 옳다. 그가 말하고자 한 것은 형에서 형으로의 관계란 없고 (새-우산) 처음의 의도와 모든 일련의 것 혹은 도달된 전체 사이에 관계가 있다는 것이다.

따라서 사용된 돌발 표시는 두 형태 사이의 비구분의 영역 혹은 객관적인 비결정의 영역을 강요하면서 움직인다. 이 두 형태 가운데 하나는 이제 더 이상 존재하지 않고 다른 하나는 아직 존재하지 않는다. 사용된 돌발 표시는 하나가 가지고 있는 구상을 파괴하고 다른 하나가 가지고 있는 구상을 중화한다. 그리고 이 둘 사이에서 사용된 돌발 표시는 자기의 독창적 관계 아래에 있는 형상을 강요한다. 정말로 형태의 변화가 있다. 하지만 형태의 변화는 변형, 다시 말해 형태를 대체하는 독창적 관계들의 창조이다. 피를 철철 흘리는 고기, 찍어내리는 우산, 톱니 모양으로 되는 입 등. 어떤 가요의 가사와도 같다. "나는 내 모습을 바꾸는 중입니다. 나는 나를 어떤 사고처럼 느낍니다." 사용된 돌발 표시는 전체 그림 속에다 비형태적인 힘들을 끌어들이거나 다시 분배한다. 변형된 각 부분들은 이 힘들과 함께 필연적으로 관계 속에 있거나 혹은 이 힘들에게 바로 '장소'로서 봉사한다.

따라서 우리는 모든 것이 어떻게 동일한 형의 내부에서 행해질 수 있는가를 본다.(두 번째 경우) 예를 들어 머리에 대해서 보면, 의도적이거나 스케치된 구상적 형으로부터 출발한다. 이것을 한 윤곽으로부터 다른 윤곽으로 이르도록 혼탁하게 만든다. 이것은 마치 회색과도 같은 어떤 것이 퍼지는 것이다. 하지만 이 회색은 백 그리고 흑과는 다르고 무관한 것이다. 이것은 채색된 회색 혹은 차라리 채색하는 회색으로서, 그로부터 닮음의 관계와는 전혀 다른 새로운 관계가(혼합 색조) 나오게 될 것이다. 그리고 이 혼합 색조의 새로운 관계는 훨씬 깊은 닮음을, 동일한 형태에 대해서 구상적이지 않은 닮음을, 다시 말해 오직 형상적이기만 한 어떤 이미지를 준다.[4] 그로부터 베이컨의 프로그램이 나온다. 닮지 않은 수단

---

4) 보색의 혼합은 회색을 가져다 준다. 하지만 '혼합' 색조, 다시 말해 균등하지 않은 혼합은 감각적인 이질성 혹은 색채들의 긴장을 견지한다. 얼굴의 색칠은 빨갛기도 하면서 또 초록이기도 할 것이다.

들을 사용해서 닮음을 만들기. 그리고 베이컨이 사용된 돌발 표시 그리고 사용된 돌발 표시의 혼란스럽게 만들고 지우는 행위를 표현하는 데 적합한 아주 일반적인 공식을 환기하려고 추구할 때 그는 색채적인 것만큼 선적인 공식을, 얼룩-공식인 것만큼 터치-공식을, 색-공식인 것만큼 거리-공식을 제안할 수 있다.[5] 구상적인 선들을 연장함으로써, 거기에 선영을 줌으로써, 다시 말해 그들 사이에 새로운 거리, 새로운 관계를 도입함으로써 구상적 선들을 혼란스럽게 만들 것이다. 이 새로운 거리 혹은 관계들로부터 구상적이지 않은 닮음이 나오게 될 것이다. "당신은 이 돌발 표시를 통해 갑자기 입이 얼굴의 한 끝에서 다른 끝으로 갈 수 있음을 보게 됩니다……." 돌발 표시적인 얼룩, 회색-색채의 얼룩과 마찬가지로 돌발 표시적인 선, 사막-거리의 선이 있다. 그리고 이 둘은 동일한 그리는 행위 속에서, 세상을 회색-사하라로 그리는 행위 속에서 서로 합쳐진다.("당신은 한 초상화에서 외양을 가지고 사하라 사막을 만들 수 있기를 원할지도 모른다. 초상화가 사하라와 너무 닮아서 사하라의 거리들을 포함하고 있는 것처럼 보이게 말이다.")

하지만 다음과 같은 베이컨의 강경한 요구도 가치가 있다. 사용된 돌발 표시는 공간과 시간 속에서 국지화되어야 하고, 전체 그림을 뒤덮어서는 안 된다. 그렇게 되면 뒤죽박죽될 것이다.(그렇게 되면 구분되지 않은 회색 속으로 혹은 사막보다는 '늪'과도 같은 선 속으로 다시 떨어지게 될 것이다.)[6] 사실 사용된 돌발 표시는 그 자체가 대재난이면서도 대재난을 만

혼합된 색의 힘으로서 회색은 흑과 백의 산물로서의 회색과는 전혀 다른 것이다. 이 회색은 광학적인 회색이 아니라 눈으로 만지는 회색이다. 확실히 사람들은 색을 광학적인 회색과는 단절시킬 수 있다. 하지만 색을 그 보색과 단절시키는 데에는 그보다 훨씬 더 못하다. 실제로 사람들은 이미 문제가 된 이러한 작업을 하긴 하였는데, 긴장의 이질성 혹은 혼합에 있어서의 엄밀함을 상실한다.
5) E. I, p. 111.
6) E. I, p. 34.(그리고 II, pp. 47, 55) "다음 날 나는 더욱더 앞으로 밀어부치고, 이 일을 더욱 민감하게, 그리고 더욱 가깝게 하려고 하였지요. 그러자 나는 이미지를 완전히 상실하였습니다."

들지는 말아야 한다. 혼합이면서도 색채를 혼합해서는 안 되고 색조를 혼합해서도 안 된다. 한마디로 사용된 돌발 표시는 손적이면서도 시각적 전체 속에 다시 던져져서 그 안에서 자신을 뛰어넘는 결과들을 펼쳐야 한다. 사용된 돌발 표시의 본질은 그로부터 무엇인가가 나오도록 만들어지는 것이다. 그로부터 아무것도 나오지 않으면 망친 것이다. 그리고 사용된 돌발 표시로부터 나온 것, 즉 형상은 점진적으로 그리고 느닷없이 나온다. 마치 '회화'에서처럼 전체는 단숨에 주어지고 동시에 일련의 것은 점진적으로 구성된다. 따라서 만약 우리가 회화를 그의 사실성 속에서 생각해 보면, 마치 첫번째로는 광학적 눈으로부터 손으로, 그리고 두번째로는 손으로부터 눈으로 도약하였듯이, 손적인 돌발 표시와 시각적 전체 사이의 이질성은 본질적인 차이 혹은 도약을 표시하는 것이다. 하지만 그림을 그 진행 과정 속에서 생각해 보면, 마치 우리가 손으로부터 만지는 눈으로, 손적인 돌발 표시로부터 눈으로 만지는 시각으로 점진적으로 넘어갔듯이, 시각적 전체 속으로 손적인 돌발 표시의 계속적인 투입이 있다. '한방울 한방울', '응결', '진화'와 같은 투입.[7]

하지만 느닷없거나 분해될 수 있거나에 상관 없이, 이러한 통과는 그리는 행위 속에서는 굉장한 순간이다. 왜냐하면 바로 거기에서 회화는 자기 자체의 심층에 머무르며 그리고 자신의 독자적 방식에 맞는 순수한 논리의 문제를 발견하였기 때문이다. 그 순수한 논리란 일의 가능성으로부터 일로 넘어가는 것이다.[8] 왜냐하면 돌발 표시란 일의 가능성일 따름이었고 반면에 그림은 우리가 회화적 일이라고 부를 아주 특이한 어떤 일을 현재로 만들어야만 존재하기 때문이다. 아마도 예술사에서 이러한

---

7) *E.* I, pp. 112, 114, II, p. 68. "화폭 위에 다다른 이 표시들은 이 특이한 형태들 속에서 진화하였다……"
8) *E.* I, p. 11 참조. 돌발 흔적이란 '사실의 가능성'일 따름이다. 회화의 논리는 여기서 비트겐슈타인의 개념과 유사한 개념을 다시 발견한다.

일의 존재를 아주 명확하게 포착하도록 만드는 데 가장 적합했던 사람은 미켈란젤로일 것이다. 우리가 '일'이라고 부르는 것은 우선 단 하나의 동일한 형상 속에서 여러 개의 형태가 실제적으로 포착되는 것을 말한다. 이 형태들은 똑같이 필연적인 그만 한 수효의 우발적인 것들로서 일종의 뱀 모양과 같은 것에서 포착되고, 하나가 다른 것 위에 혹은 다른 것의 어깨 위에 있게 된다.[9] '성스러운 가족'이 그러하다. 형들은 구상적일 수 있고, 인물들은 여전히 서술적인 관계들을 가질 수 있지만, 이 모든 끈들은 '사실 관계', 즉 순수하게 회화적 혹은 조각적인 끈을 위해 사라진다. 이러한 회화적 끈은 더 이상 어떠한 이야기를 말하지도 않고 자기 자신 외에는 다른 어떤 것도 더 이상 재현하지 않으며 지속적인 단 하나의 분출 안에서 자의적 외양을 가진 요소들이 응결하도록 만든다.[10] 물론 여기에는 아직 유기적인 재현이 있다. 하지만 훨씬 깊게는, 우리는 유기적 구성 아래에서 신체가 나타나고 있음을 본다. 이 신체는 유기적 구성과 유기적 요소들을 부서지게 하거나 부풀어 터지게 하고, 그것들에게 발작을 강요하며, 그것들을 어떤 힘들과 관계하도록 놓는다. 이 힘들은 혹은 내적이어서 이 유기적 요소들을 일어나게 하거나, 혹은 그것들은 지나가는 외적인 힘이기도 하고, 혹은 변하지 않는 어떤 시간의 영속적인 힘이기도 하며, 혹은 흘러가는 시간의 변화하는 힘이기도 하다. 고기나 남자의 넓은 등을 베이컨에게 고취시켜 준 사람은 바로 미켈란젤로이다. 그리고 또 우리는 신체가 특히 매너리즘적인 자세들 속으로 들어가거나, 혹은 노력, 고통, 번뇌 아래에서 휘어진다는 인상을 받는다. 하지만 이것은 우리가 역사 혹은 구상을 재도입했을 때에만 사실이다. 사실 이것

---

9) 이것은 베이컨의 공식이다.(*E*. I, p. 30)
10) 미켈란젤로에 관한 짧은 텍스트에서 루치아노 벨로시는 미켈란젤로가 순수하게 회화적인 혹은 조각적인 사실을 위해 종교적이고 서술적인 사실을 어떻게 파괴하였는지를 아주 잘 보여 주었다.(『화가 미켈란젤로』, Flammarion)

들은 형상적으로 가장 자연스러운 자세들로서, 우리가 이것들을 두 이야기 '사이에서' 포착하거나, 또는 우리가 혼자서 우리를 사로잡는 어떤 힘의 소리를 들으면서 포착한 자세들이다. 미켈란젤로와 함께, 매너리즘과 함께 형상 혹은 회화적 사실이 순수한 상태로 태어나고, '금속 칼날처럼, 반짝거림으로 줄이 쳐진, 신랄하고 날카로운 다색성' 외에는 다른 어떠한 정당화도 불필요할 것이다. 이제 모든 것이 명증함으로 끌려나왔다. 윤곽의 명증성 혹은 빛의 명증성보다도 상위의 명증성이다. 라이리스가 베이컨을 위해 사용한 단어들, 손, 접촉, 포착, 파악 등은 사실의 가능성을 새기는 직접적인 손의 행위를 환기시킨다. 사람들은 '생생하게 포착하듯이' 사실 위에서 움켜잡을 것이다. 하지만 사실 그 자체, 손으로부터 온 회화적 사실은 만지는 눈, 눈의 만지는 시각, 이 새로운 명증성인 제3의 눈의 구성이다. 그것은 마치 촉각적인 것과 광학적인 이원성이 돌발 표시로부터 온 눈으로 만지는 기능을 향해 극복되는 것과 같다.

프란시스 베이컨 연보

1909	10월 28일 아일랜드 더블린에서 영국인 부모로부터 출생. 5형제 중 둘째.
1914	16세에 가족을 떠나 영국으로 건너가 잡일을 하며 생활.
1927	베를린을 여행하고 이어서 파리로 가 장식일을 함.
1936	초현실주의 국제전에서 거부당함. 그가 제출한 작품은 충분할 만큼 초현실적이지 못하였음.
1937	에릭 홀에 의해 조직된 '영국의 젊은 화가들'에 출품.
1945	르페브르 갤러리에서 그룹전. 「소란피우는 세 형상들」, 「한 풍경 속의 형상」 전시.
1946	여러 그룹전에 참석함. 이후 10여 년 동안 그의 후원자가 될 런던의 하노버 갤러리에서 개인전을 가짐. 「두상」 시리즈를 그리기 시작.
1951	스튜디오를 몇 번 바꿈. 많은 그룹전을 가짐. 1951년에 그의 첫 「교황」 시리즈를 그림.
1955	런던의 현대미술재단에서 첫 회고전을 가짐. 하노버 갤러리에서 그룹전을 가져 윌리엄 블레이크의 초상화 전시. 미국에서 수많은 그룹전을 가짐.
1957	파리의 리브 드르와트 갤러리에서 첫 전시회를 가짐. 하노버 갤러리에서 「반 고흐」 시리즈를 선보임.

1964   조지 다이어와 만남.
        파리의 국립 현대미술관에 의해 사들여진 대형 그림「한 방의 세 형상」을 그림.
1966   독일의 시에겐 시로부터 루벤스 상을 받음.
1971   파리의 그랑 팔레에서 중요한 회고전을 가짐.
        자신의 친구이자 모델인 조지 다이어가 사망하자 그를 기념하기 위해 1971년 대형「삼면화」를 그림.
1975   뉴욕의 메트로폴리탄 미술관에서 최근작 전시회가 열림.
1983   일본의 도쿄, 교토, 나고야에서 전시회.
1984   파리의 메에그 르롱에서 전람회. 뉴욕의 말보로 갤러리에서 최근작 전시회. 뉴욕에 잠깐 머무름.
1985   런던의 테이트 갤러리에서 회고전.
        이 전시회는 다시 슈투트가르트의 스타츠 갤러리와 베를린의 국립 갤러리로 옮겨짐. 친구 존 에드워드와 함께 베를린 방문.
        대형 삼면화「자화상」을 그림.
1988   모스크바의 신 트레야코프 갤러리의 센트럴 하우스 오브 아티스트에서 전람회.
        1944년 삼면화의 두번째 판을 그림.「십자가형 아래 형상들의 세 연구」.
1990   리버풀의 테이트 갤러리에서 전시회.
1992   4월 28일 마드리드에서 심장마비로 사망.

그림 목록

1장

1 루시안 프로이트의 초상 연구(측면), 1971. 유화, 198×147.5cm.

2 말하고 있는 조지 다이어의 초상, 1966. 유화, 198×147.5cm

3 삼면화, 1970. 유화, 각 판 198×147.5cm.

4 인간 신체의 연구들, 1970. 유화, 각 판 198×147.5cm.

5 들에서 일하는 두 남자, 1971. 유화, 198×147.5cm.

6 두상 VI, 1949. 유화 93×77cm.

7 루시안 프로이트의 세 연구, 1969. 유화, 각 판 198×147.5cm.

8 인간 신체 연구, 1970. 유화, 각 판 198×147.5cm.

9 루시안 프로이트의 초상화를 위한 세 연구, 1966. 유화, 각 판 198×147.5cm.

10 반 고흐 초상 연구 II, 1957. 유화, 198×142cm.

11 한 풍경 속의 형상, 1945. 유화와 파스텔, 145×128cm.

12 형상 연구 I, 1945~1946. 유화, 123×105.5cm.

13 두상 II, 1949. 유화, 80.5×65cm.

14 풍경, 1952. 유화, 139.5×198.5cm.

15 풍경 속의 형상 연구, 1952. 유화, 198×137cm.

16 비비 연구, 1953. 유화, 198×137cm.

17 풀 속의 두 형상, 1954. 유화, 152×117cm.

18 개와 함께 있는 남자, 1953. 유화, 152.5×118cm.
19 자화상, 1973. 유화, 198×147.5cm.

2장
20 그레코, 오르가스 백작의 장례, 1586~1588.
21 지오토, 상흔, 1297~1299.

3장
22 투우 연구 I, 1969. 유화, 198×147.5cm.
23 「투우 연구 I」의 두번째 판, 1969. 유화, 198×147.5cm.
24 이자벨 로스톤에 대한 세 연구, 1967. 유화, 119.5×152.5cm.
25 거울 속의 형상과 함께 누드 연구, 1969. 유화, 198×147.5cm.
26 삼면화, 1976. 유화와 파스텔, 각 판 198×147.5cm.
27 회화, 1978. 유화, 198×147.5cm.
28 인간 신체에 따른 세 연구, 1967. 유화, 198×147.5cm.
29 세면대에 서 있는 형상, 1976. 유화, 198×147.5cm.
30 삼면화, 1973년 5~6월. 유화, 각 판 198×147.5cm.
31 회화, 1946. 198×132cm.
32 1946년 「회화」의 두 번째 판, 1971. 유화, 198×147.5cm.
33 삼면화 1974년 5~6월, 유화, 각 판 198×147.5cm.
34 주사기를 꽂고 누워 있는 형상, 1963. 유화.
35 거울 속을 뚫어지게 바라보는 조지 다이어의 초상, 1967. 유화, 198×147.5cm.
36 사람의 등에 관한 세 연구, 1970. 유화, 각 판 198×147.5cm.
37 거울 속에 누워 있는 형상, 1971. 유화, 198×147.5cm.
38 거울 속의 조지 다이어의 초상, 1968. 유화, 198×147.5cm.

4장

39 개와 함께 있는 조지 다이어의 두 연구, 1968. 유화, 198×147.5cm.

40 앉아 있는 형상, 1974. 유화와 파스텔, 198×147.5cm.

41 세 형상과 초상화, 175. 유화와 파스텔, 198×147.5cm.

42 증인들과 함께 침대에 누워 있는 두 형상, 1968. 유화, 각 판 198× 147.5cm.

43 누워 있는 형상, 1959. 유화, 198×142cm.

44 축 늘어진 여자, 1961. 유화와 콜라주, 198.5×141.5cm.

45 누워 있는 형상, 1969. 유화와 파스텔, 198×147.5cm.

46 십자가형을 위한 세 연구, 1962. 유화, 각 판 198×145cm.

47 십자가형, 1965. 유화, 각 판 198×147.5cm.

48 초상 연구 II, 1955. 유화, 61×51cm.

49 초상 연구 III, 1955. 유화, 61×51cm.

50 교황 II, 1960. 유화, 152.5×119.5cm.

51 미스 머리얼 벨처, 1959. 유화, 74×67.5cm.

52 십자가형의 조각, 1950. 유화와 탈지면, 140×108.5cm.

53 T. S. 엘리엇의 시「스위니 에고니스트들」에 영감을 받은 삼면화, 1967. 유화, 각 판 198×147.5cm.

5장

54 벨라스케스의 교황 인노첸시오 10세 초상화에 따른 연구, 1953. 유화, 153×118cm.

55 영화「전함 포템킨」에서의 유모 연구, 1957. 유화, 198×142cm.

56 교황, 1954. 152.5×116.5cm.

57 초상화를 위한 연구, 1953. 유화, 152.5×118cm.

58 인간 머리의 세 연구, 1953. 유화, 각 판 61×51cm.

59 벌거벗은 채 웅크리고 있는 사람 연구, 1952. 유화, 198×137cm.

60 분수, 1979. 유화, 198×147.5cm.

61 사구, 1981. 유화와 파스텔, 198×147.5cm.

62 빈터 조각, 1982. 유화, 198×147.5cm.

63 앵그르의 드로잉에 다른 오이디푸스와 스핑크스, 1982. 유화, 198× 147.5cm.

6장

64 세잔, 정물, 1893~1894.

65 뒤샹, 계단을 내려오는 벗은 남자, 1912.

66 블라인드 끈을 보고 있는 조지 다이어의 초상, 1966. 유화, 198× 147.5cm.

67 조지 다이어와 루시안 프로이트의 초상, 1967. 유화, 198×147.5cm.

68 계단을 내려오는 남자의 초상, 1972. 유화, 198×147.5cm.

69 아이를 안고 가는 남자, 1956. 유화, 198×142cm.

70 마이브리지에 따라—물항아리를 비우는 여자와 기어다니는 불구 아이, 1965. 유화, 198×147.5cm.

71 도는 형상, 1962. 유화, 198×147.5cm.

72 자전거를 타고 가는 조지 다이어의 초상, 1966. 유화, 198×147.5cm.

73 수틴, 내장이 드러난 소. 1925.

74 이자벨 로스톤의 초상, 1966. 유화, 33.5×30.5cm.

7장

75 조지 다이어의 초상을 위한 두 연구, 1968. 유화, 198×147.5cm.

76 세 초상화, 1973. 유화, 각 판, 198×147.5cm.

77 삼면화, 1972년 8월, 유화, 각 판 198×147.5cm.

78 벨라스케스, 인노첸시오 10세, 1650.

8장
79 이자벨 로스톤의 세 연구, 1968. 유화, 각 판 35.5×30.5cm.
80 자화상을 위한 세 연구, 1967. 유화, 각 판 35.5×30.5cm.
81 조명 아래 조지 다이어의 초상을 위한 세 연구, 1964.
82 자화상을 위한 네 연구, 1964.
83 잠자는 형상, 1974. 유화, 198×147.5cm.

9장
84 침대 위의 형상들 연구, 1972. 유화, 각 판 198×147.5cm.
85 두 형상, 1953. 유화, 152×116.5cm.
86 남자와 어린아이, 1963. 유화, 198×147.5cm.

10장
87 삼면화, 1974년 3월. 유화와 파스텔. 각 판 198×147.5cm.
88 십자가형 아래 형상들의 세 연구, 1944. 유화와 파스텔, 각 판 94× 147.5cm.
89 한 방의 세 형상, 1964. 유화, 각 판 198×147.5cm.

14장
90 스핑크스, 1964. 유화, 198×147.5cm.

16장
91 소호 거리에 서 있는 이자벨 로스톤의 초상, 1967. 유화, 198×147.5cm.

그림 목록 191

하태환

서울대학교 불어교육학과와 불문학과 대학원을 졸업했으며, 파리 제8대학에서 프루스트 연구로 박사 학위를 받았다. 서울대학교, 건국대학교 등의 강사를 역임했다. 옮긴 책으로는 장 보드리야르의 『시뮬라시옹』, 『사라짐에 대하여』, 질 들뢰즈의 『감각의 논리』, 피에르 부르디외의 『예술의 규칙』, 자크 엘륄의 『정치적 착각』 등이 있고, 프루스트에 관한 다수의 논문을 발표했다.

들뢰즈의 창 6
감각의 논리

1판 1쇄 펴냄 • 2008년 2월 29일
1판 19쇄 펴냄 • 2024년 9월 19일

지은이 • 질 들뢰즈
옮긴이 • 하태환
발행인 • 박근섭, 박상준
펴낸곳 • (주) 민음사

출판등록 • 1966. 5. 19. 제16-490호
서울특별시 강남구 도산대로1길 62 (신사동)
강남출판문화센터 5층 (우편번호 06027)
대표전화 02-515-2000 • 팩시밀리 02-515-2007
www.minumsa.com

한국어 판 ⓒ (주) 민음사, 2008. Printed in Seoul, Korea.

ISBN 978-89-374-1596-8 94160
ISBN 978-89-374-1590-6 (세트)

ⓒ Francis Bacon / DACS, London - SACK, Seoul, 2008

이 서적 내에 사용된 Francis Bacon의 작품은 SACK를 통해 DACS와 저작권 계약을 맺은 것입니다. 저작권법에 의하여 한국 내에서 보호를 받는 저작물이므로 무단 전재 및 복제를 금합니다.

* 잘못 만들어진 책은 구입처에서 교환해 드립니다.